KB237101

WTO 반덤핑협정의 피해판정연구

WTO 반덤핑협정의 피해판정연구

김창화 지음

한국학술정보(주)

머리말

WTO체제하에서 허용되는 무역구제조치에는 반덤핑관세제도, 상계관세제도와 세이프가드제도가 있다. 반덤핑관세와 상계관세는 불공정무역에 대해 부과되는 조치이고 세이프가드조치는 공정무역에 대해 취해지는 조치이다. 동 3가지 무역구제조치 중에서 WTO 회원국에 의해 가장 많이 활용되는 조치는 반덤핑조치이다. WTO가 출범하면서부터 2006년 6월 30일 현재까지 각 WTO 회원국에 의한 반덤핑조사 개시건수는 2,938건이고 반덤핑조치가 부과된 건수는 1,875건이다.

우루과이라운드에서 채택된 반덤핑협정은 반덤핑조치를 발동하는 기본틀을 제공하고 있다. 그러나 반덤핑협정은 그 규정이 모호하거나 세부적인 규정이 결여되어 있어 조사당국의 자의적인 반덤핑조치의 집행을 가능하게 한다. 각 회원국들에 의해 취해지는 반덤핑조치는 과거에는 국내산업에 대한 피해의 영향을 제거하기 위한 역할을 수행하였으나 현재에는 국내산업을 보호하기 위한 수단으로 사용되는 경우가 더 많다.

반덤핑조치가 보호무역주의 수단으로써 남용되고 있는 현실에서 각국의 자의적인 피해판정 요소의 평가로 인한 부당한 반덤핑조치의 부과를 최대한 방지하기 위해서는 피해판정 요소에 관한 반덤핑협정 규정의 명확화와 개정이 필요하다. 그러나 도하라운드의 취지가

"WTO규범의 명확화와 개선"이기 때문에 이는 규범을 개정하는데 장애가 될 수 있다. 이러한 차원에서 볼 때, 반덤핑협정의 개정은 상당히 어려울 것으로 예상되지만 각 회원국에서 반덤핑협정의 피해판정 관련 규정에 관한 제안을 계속 제시하고 규범협상그룹에서 계속 논의되면 반덤핑협정의 규정이 더 명확해질 것이다.

반덤핑조치를 부과하기 위해서는 반드시 덤핑의 존재, 피해의 판정 그리고 덤핑과 피해 간의 인과관계가 있어야 한다. 즉 덤핑 사실이 존재한다고 하더라도 이러한 덤핑이 국내산업에 피해를 발생시키지 않으면 반덤핑조치를 부과할 수 없게 된다. 현재 많은 반덤핑에 관한 연구는 반덤핑조치를 부과하기 위한 첫 단계인 덤핑존재의 판정과 관련하여 이루어졌고 피해의 판정과 관련한 연구는 많은 편이 아니다.

따라서 필자는 반덤핑협정에서 핵심개념이 되고 있는 피해의 판정에 대해 WTO 관련 사례의 분석과 주요 회원국들의 국내 피해판정 요소의 운영 실태를 근거로 분석을 진행하였다. 이러한 분석을 통해 WTO 회원국들이 반덤핑조치를 취함에 있어서 더욱 객관적이고 투명성이 있는 판정을 할 수 있도록 관련 국제규범과 이에 따른 국내 규정을 적당히 개정할 것과 WTO 회원국들이 실제사건에서 피해판정 요소를 객관적이고 충분히 분석하기 위한 방안을 제안해보았다.

본 원고는 이론적인 분석이 많을 수도 있다. 따라서 필자는 각 WTO 회원국들이 실제 사건에 적용함에 있어서 어려움이 많고 실제적 상황과 거리가 있음을 감안하여 실제 사례와 주요 회원국들의 국내 판정 사례의 분석을 통해 이러한 GAP을 최대한 줄이기 위해 노력하였다.

본 원고를 작성하면서 나에게 많은 격려와 지원을 아끼지 않으셨던 고마운 분들에게 이 기회를 빌어 감사의 말씀을 드리고 싶다. 우선 물심양면으로 공부에 정진할 수 있도록 항상 애정어린 지도, 격려와 지원을 아끼지 않으셨던 나의 지도교수님이신 고려대학교 법과대학의 박노형 교수님, 그리고 고려대학교 통상법 연구센터의 선후배님들에게 감사의 말씀을 드리고 싶다.

공부를 한다는 핑계로 자식의 도리도 다 못한 나에게 사랑과 지원, 그리고 묵묵히 고향에서 이 자식이 잘되기만을 기도해주신 아버님, 어머님, 장인어르신, 장모님의 크나큰 은혜에 감사의 말씀을 드린다. 그리고 결혼 이후 함께 고려대학교에서 공부하면서 어려운 생활환경에도 불평없이 나를 항상 지지해준 세상에서 가장 사랑하고 아끼는 나의 아내 진주에게 고맙다는 말과 함께 이 조그마한 기쁨을 함께 나누고자 한다.

목차

제1장
서 론

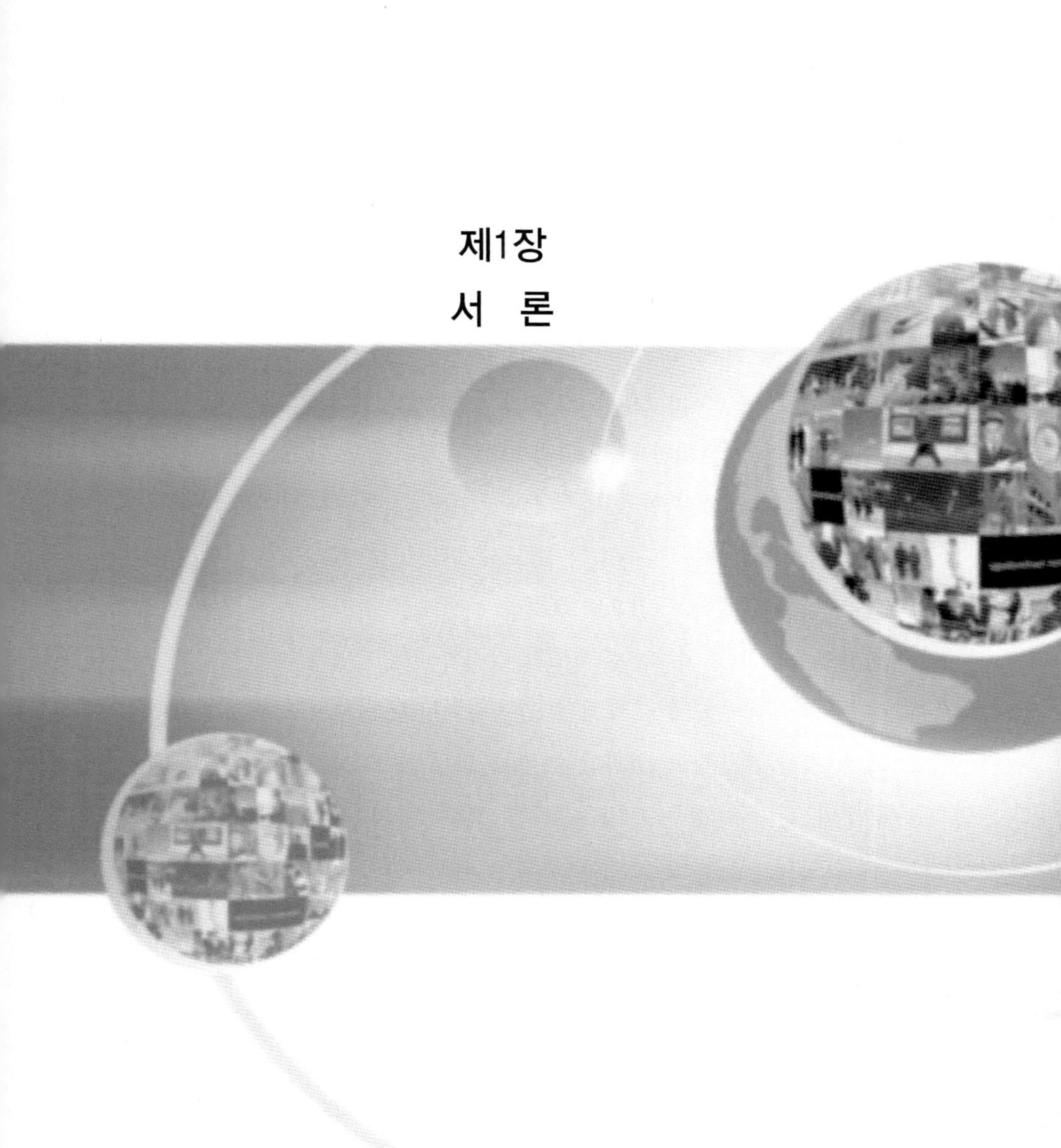

제1절 연구목적

반덤핑조치는 국제무역에서 가장 많이 활용되고 있는 무역구제조치로서 우루과이라운드 협상 결과 더욱 개선된 GATT 제Ⅵ조 이행에 관한 협정(Agreement on Implementation of Article Ⅵ of the General Agreement on Tariffs and Trade 1994, 이하 '반덤핑협정'이라 함)이 채택되었다. 반덤핑협정이 채택됨에 따라 반덤핑협정은 GATT 시기의 느슨한 반덤핑규약에 비해 많은 개선이 있었는데, 즉 회원국들의 국내관련 규정이 반드시 반덤핑협정과 일치해야 한다는 의무 등을 규정하고 있으며 WTO 분쟁해결 절차를 통해 부당한 반덤핑조치를 다룰 수 있는 제도적 장치가 마련되었다.

우루과이라운드에서 채택된 반덤핑협정은 반덤핑조치를 발동하는 기본 틀을 제공하고 있지만 여전히 그 규정이 모호하거나 세부적인 규정이 결여된 경우가 있고, 또한 조사당국의 자의적인 반덤핑조치의 집행가능성이 있어 이는 빈번한 분쟁으로 이어졌다. WTO 통계에 따르면 WTO 출범 이래 반덤핑 제소는 대체적으로 계속적인 증가세를 보이고 있으나[1] 이러한 제소는 GATT 시기와 비교하여 다소 다른 양상이 보이는데, 즉 이전에는 The Big Four(미국, EC, 호

---

1) 1995년 157건, 1996년 224건, 1997년 243건, 1998년 256건, 1999년 355건, 2000년 294건, 2001년 366건, 2002년 311건, 2003년 210건이다.

주, 캐나다)그룹이 반덤핑제소를 많이 해왔고 개도국들은 거의 피소국의 입장이었으나, WTO가 출범하면서 인도, 중남미, 남아공 등 개도국의 제소도 증가하기 시작한 것이다. WTO 출범 이래 주요 국가별 반덤핑 제소와 피소 상황을 살펴보면 다음과 같다.[2]

[표 1] 국가별 제소 및 피소 건수

제소국	제소건수	피소국	피소건수
인도	383	중국	386
미국	350	한국	194
EU	287	미국	146
아르헨티나	187	일본	113
남아공	172	인도	105
호주	165	인도네시아	103
캐나다	126	태국	96
브라질	114	러시아	92
중국	83	브라질	74
한국, 멕시코	76	독일	73

　각 회원국에서 취하는 반덤핑조치는 예전에는 국내산업의 피해의 영향을 제거하기 위한 역할을 수행하였으나, 현재에는 국내산업을 보호하기 위한 수단인 비관세장벽으로서 그 역할이 다소 전환되었다. 다시 말하면 반덤핑협정 규정의 모호성 때문에 회원국들에 의해 반덤핑규정이 자의적으로 해석되고 따라서 반덤핑조치가 남용됨으로써 실질적인 비관세장벽으로 작용한 것이다. 이러한 문제점을 해결하고자 WTO규범을 더욱 명확하게 개선하기 위하여 도하라운드가

2) WTO 1995년 1월 1일-2004년 6월 30일 통계. WTO 사이트 참조.

14

시작될 때 각 회원국은 반덤핑협정의 개선에 관한 제안을 제출할 것이 요구되었고 2003년 2월에 규범에 관한 협상그룹을 설립하고 본격적으로 반덤핑협정의 개정협상을 개시하였다.

반덤핑관세를 부과하기 위해서는 반드시 덤핑사실이 존재하여야 하고, 그러한 덤핑이 국내산업에 피해를 발생시켜야 하며, 동 피해와 덤핑 간의 인과관계가 증명되어야 한다. 따라서 단순한 덤핑의 존재로서 반덤핑관세를 부과하기에는 불충분하고, 피해의 판정과 그 인과관계가 증명되어야 하므로 피해판정은 반덤핑협정에서 핵심적인 개념이다. 피해의 판정방법과 판정결과는 직접적으로 반덤핑조치의 합법성 및 정당성과 관계가 있다. 1920년대에 들어서서 피해의 개념이 영국, 호주, 미국 등 국가들의 국내입법에 도입되었고 덤핑과 함께 새로운 반덤핑조치를 실시하는 기준을 형성하여 동 기준이 "1994년 관세 및 무역에 관한 일반협정"(이하 'GATT 1994'라 함) 제6조의 기준이 되었다.[3] 동 규정과 반덤핑협정의 피해판정의 기준을 보면 반덤핑관세가 부과되기 위해서는 덤핑수입의 사실이 있고 이로 인하여 동종상품의 국내산업에 실질적 피해 또는 실질적 피해의 우려가 있거나 국내산업의 확립이 실질적으로 지연되어야 한다. 그렇다면 여기에서 '실질적 피해'라 함은 어느 정도를 가리키는 것인가의 문제가 제기되는바 이에 관한 객관적인 기준을 제기하기란 참 어려운 문제이다.[4] 반덤핑협정에서도 실질적 피해에 대해 정의되어 있지는 않다. 다만 정상적인 수입에 대한 긴급수입제한조치의 부과 시에

---

3) 宋和平, "産業損害調查中若干問題的理論思考", p.1.
4) 고준성, "WTO 체제하에서의 미국 및 EU 반덤핑법제의 분석", 1998년, p.58.

요구되는 '심각한 피해'보다는 덜 엄격한 개념인 것은 분명하지만5) 이는 양자 간의 상대적 비교에 불과하고 어느 정도의 피해가 실질적인 것인지 또는 심각한 것인지에 대한 구체적인 지침은 제시하여 주지 못하고 있다. 이와 같이 실질적 피해의 기준이 불명확한 개념인 관계로 각 국가 반덤핑관련 국내법에서 적용하는 피해의 기준 역시 상이할 수밖에 없게 되고 이로 인한 국가들 간의 마찰의 소지가 상존할 수밖에 없는 문제가 있다.6)

또한 조사당국이 최종 피해판정을 함에 있어서 조사당국의 자의적인 판정을 방지하기 위하여 반덤핑협정에서는 피해의 판정은 명확한 증거에 기초하며 (1) 덤핑수입 물량 및 덤핑 수입품이 동종상품의 국내시장 가격에 미치는 영향 및 (2) 동 수입품이 이러한 상품의 국내 생산자에 미치는 영향에 대한 객관적인 검토를 포함한다고 규정하고 있다.7) 동 규정은 반덤핑협정 제3.2조와 제3.4조에서 좀더 구체적으로 규정하고 있다. 제3.4조는 피해판정의 분석을 함에 있어서 고려하여야 할 요소에 관한 일반적인 지침을 제공하는데 여기에는 덤핑수입의 영향, 피해의 우려 등이 포함된다. 그러나 동 규정은 이러한 분석 행위를 함에 있어서 그 어떤 특별한 분석의 방법 또는 경제적 모델(model)을 사용할 것을 요구하지 않는다. 또한 열거된 요소들이 어떠한 방법을 사용하여 고려되어야 하는지를 제시하지 않고 있다. 그리고 반덤핑협정 제3.7조에 규정된 피해우려를 판정할 때 제3.4조의 고려 여부, 제3.5조의 덤핑수입 이외의 요소에 대한 비귀속

---

5) 박노형, "반덤핑협정의 법적분석과 EU의 관련 이행법안 검토", 김기수 편, 「WTO와 반덤핑관세」, 세종연구소, 1995, p.77.
6) 고준성, supra note 4, pp.58-59.
7) 반덤핑협정 제3.1조.

성 등 문제는 제3.4조와 제3조의 기타 조항과의 관계를 제시하고 있다. 피해판정의 객관성과 공정성을 제고하기 위하여 이러한 관계를 명확히 하여야 할 것이다.

본 연구에서는 피해판정에 관한 규범의 생성과 발전과정, 피해판정 요소와 실질적 피해 간의 관계 및 주요국의 피해판정 요소의 운영실태 그리고 WTO 분쟁사례의 분석 및 도하라운드에서의 각 회원국의 입장 분석을 통하여 반덤핑관세 부과를 판정할 때, 중요한 절차인 피해판정을 함에 있어서 반드시 고려하여야 할 요소들이 실제 피해판정에서 어떤 방식으로 적용되는지, 그리고 피해와 이러한 요소들의 관계는 무엇인지를 알아보고, 반덤핑조치가 보호무역주의 수단으로써 남용되고 있는 현실에서 각국의 자의적인 피해판정 요소의 평가로 인한 부당한 반덤핑조치를 최대한 방지하기 위하여 더욱 명확한 피해판정 요소의 활용방안과 반덤핑협정 제3.4조의 개선방향에 대해 논의하고자 한다.

제2절 연구방법 및 연구범위

반덤핑협정과 각 회원국의 국내 반덤핑법령에서 여러 가지 기준으로 피해판정에 관한 규정을 두고 있음에도 불구하고 피해판정은 여전히 어려운 문제로 남아 있다. 기본적으로 실질적 피해의 개념은 정의되지 않았고 회원국들의 관행은 크게 다르기 때문이다. 현실적으로 피해판정을 함에 있어서 정치적 요소와 경제적 요소가 작용하는데 정치적 요소로서 관련 국내산업의 로비와 압력이 있고 경제적 요소로서 덤핑물량과 덤핑수입이 관련 국내산업에 미치는 영향이 있다. 정치적 요소는 너무 불확정적이고 정치, 경제, 군사적 요소들이 함께 작용하기 때문에 여기에서는 경제적 요소만을 분석하기로 하며, 주로 반덤핑협정 제3.4조의 규정을 중심으로 분석하고 그와 관련된 제3조의 기타 조항들도 보충 설명하는 방식을 취한다. 또한 피해판정 기준은 본심뿐만 아니라 조사개시 및 재심에서도 준용된다. 조사개시의 경우 피해판정 기준은 본심보다 낮은 수준을 요구하므로[8] 이 연구에서는 조사개시의 관련 사례는 제외한다.

전체 연구의 흐름은 과거와 현재를 분석하고, 이에 기초하여 미래의 방향을 예측해 보는 순서로 서술하고 있고 각 장은 우선 반덤핑협정의 전반적 흐름을 살펴본 후, 반덤핑협정 제3.4조의 피해판정에 관련된 내용을 구체적으로 살펴보는 방법을 취함으로써 전체로부터 세부적인 부분을 분석하는 방법으로 반덤핑협정에서의 피해판정 요소의 개선방안을 전망하고자 한다.

이 연구는 5개 章으로 구성되어 있으며 제2장 제1절에서는 반덤핑협정의 발전과 함께 피해판정을 함에 있어서 피해판정 요소에 관한 규정의 변화와 발전을 살펴보고 향후 발전 방향을 제시하고자 한다. 제2절에서는 피해판정 요소의 역할을 살펴본 후 반덤핑협정 제3.4조의 피해판정에 관한 요소들과 실질적 피해와의 관계를 분석함으로써 이러한 요소들이 어떻게 실질적 피해를 반영하고 있는지 그리고 동 피해요소들 간의 관계를 분석하면서 피해를 판정하는 데 요소들의

---

8) Mexico-Anti-Dumping Investigation of High-Fructose Corn Syrup (HFCS) from the United States, WT/DS132/R, at paras 7.73-7.74.

관련성의 중요성을 설명한다. 제3절에서는 피해판정 요소에 관련하여 분쟁이 있었던 일부 분쟁당사국 그리고 한국과 중국의 국내법령 및 국내사례의 분석을 통해 피해판정 요소에 관한 규정의 운영실태를 분석하였다.

제3장에서는 반덤핑협정 제3.4조에 관련하여 WTO 분쟁해결기관에 제소된 사건을 분석하였다. 제1절은 분쟁 사건의 개관으로써 동 사건들의 사실관계, 당사국 입장 그리고 패널 및 상소기관의 평결의 서술을 통하여 전반 사건에 대해 살펴보았다. 제2절에서는 이러한 사건을 둘러싸고 발생한 법적쟁점을 종합하고 패널 및 상소기관이 그러한 법적쟁점에 대한 평결을 분석하였으며 패널과 상소기관의 분석 및 입장을 토대로 이러한 법적쟁점에 대하여 평가를 진행함으로써 향후 피해판정에 관한 규정의 개선 및 명확화에 기초를 제공하고 있다.

제4장에서는 도하라운드에서 각 회원국들의 반덤핑협정 및 피해판정에 관한 규정에 대한 입장 차이를 분석하고 개선방안을 제기해 보았다. 제1절에서는 전반 도하라운드 협상의 배경을 살펴본 후 반덤핑협정의 개정논의에 관한 회원국들의 찬반입장을 분석하였다. 제2절에서는 앞의 분석을 기초로 반덤핑협정 제3.4조에 관한 회원국들의 입장 차이를 분석하고 동 조항의 개선의 필요성 및 개선방안에 대해 살펴보았다.

제5장 결론에서는 앞의 내용을 종합하고 반덤핑조치가 오용 및 남용되고 있는 현실에서 더욱 명확하고 개선된 반덤핑협정의 규정을 WTO 회원국들 간의 협상을 통해 마련함으로써 자유무역을 위한 법적토대를 마련할 것을 강조하였다.

제2장
반덤핑제도의 피해판정 요소에 관한 규범적 분석

제1절 피해판정 요소에 관한 국제규범의 발전

국내산업에 대한 덤핑수입 영향의 검토에 관한 규정은 1967년 Kennedy Round에서 협상된 반덤핑협정에서 처음으로 규정되었다. 동 규정은 GATT체약국들이 여러 차례의 협상을 통하여 제정 및 개정되었으며 또한 도쿄라운드와 우루과이라운드의 협상을 거쳐 현재의 반덤핑협정의 규정이 마련되었다. 비록 반덤핑협정의 규정도 아직 문제점이 많지만 상당히 발전하였다고 볼 수 있다. 아래에서는 우루과이라운드 이전과 우루과이라운드 이후로 나누어 반덤핑협정의 발전과 함께 피해판정 요소에 관한 규정의 생성과 발전을 살펴보기로 한다.

Ⅰ. 우루과이라운드 이전 규범

1. 반덤핑법의 발전 초기

19세기 말 전 세계적인 공업화는 국제무역이 국내에 미치는 영향에 대한 우려를 증대시켰고 종래의 국제관세 체계는 그 적용 및 효력에 있어 한계에 직면하게 되었다. 따라서 정치적 대안으로서 반덤핑 입법이 출현하였다. 이와 관련하여 캐나다 W. S. Fielding 재무장관은 일찍이 특별하고 일시적인 덤핑사안에 대해 일반적이고도 영속적인 관세장벽을 높여 대처한다는 것은 비논리적이며 덤핑상품에 대해서는 별도의 특별관세를 부과하는 것이 보다 적절한 대처방안이 될 것이라고 지적함으로써 반덤핑관세의 필요성을 제기하였다.9)

반덤핑관세가 국내법에 처음 도입된 것은 1903년 캐나다 관세법이며, 동 법을 모델로 1905년에는 뉴질랜드, 1906년에는 호주 그리고 1914년에 남아프리카공화국이 반덤핑에 관한 법을 제정하였다. 미국은 1916년 '국세징수법'을 통하여 처음으로 반덤핑규정을 도입하였다.10) 이 밖에도 제1차세계대전 이후 일본, 영국, 독일 및 루마니아 등 상당수의 국가들도 자국 국내산업이 외국의 불공정경쟁에 의해 위협받을 경우 행정처분을 통해 관세를 인상할 수 있도록 허용하는 입법을 도입하였는데, 동 입법은 덤핑만을 대상으로 한 것은 아니었지만 반덤핑조치로써도 이용될 수 있었다는 점에서 주목되었다.11)

20세기 초 국가들은 불공정무역의 관행의 우려에 대처하기 위하여 다자적 포럼을 통해 덤핑을 방지하기 위한 노력을 개시하였다. 그 결과로서 국제연맹이 덤핑에 관한 연구 임무를 맡게 되었는데 국제연맹의 요청을 받아 J. Viner가 덤핑규약(A Memorandum on Dumping)에 관한 연구보고서를 작성하였으나, 국제연맹에서 이에 관한 결과물 또는 어떠한 협정의 체결에도 성공하지 못하였을 뿐만 아니라12) 어떠한 진일보의 국제적 행동도 취하지 못하였다.

---

9) J. Viner, 'Dumping: A Problem in International Trade', p.193.
10) Terence P. Stewart, 'The GATT Uruguay Round', 1993, pp.1390-1395.
11) 고준성, *supra* note 4, p.24.
12) Terence P. Stewart, *supra* note 10, pp.1404-11405.

2. 1947년 GATT

1945년 10월 24일 유엔(United Nations)이 창설되면서 반덤핑문제가 유엔에서 논의되기 시작하였다. 1946년 3월 5일 유엔에서 "무역 및 고용에 관한 국제회의"의 개최를 촉구하는 결의안이 채택되었는데 동 회의에서 ITO[13] 건립의 부산물로서 관세 및 무역에 관한 일반협정 문제가 핵심 의제로 논의되었다.[14]

1947년 관세 및 무역에 관한 일반협정(아래 'GATT1947'이라 함)을 준비하면서 반덤핑문제가 논의되었고 여기에서는 덤핑정의의 범위와 덤핑수입에 대한 반덤핑관세 이외의 다른 보복수단의 이용가능성에 대해 의견이 대립되었다. 궁극적으로 전자는 미국 등이 주장한대로 가격덤핑으로 제한하기로 합의되었고 후자는 반덤핑관세 이외의 다른 보복조치를 제한하는 방향으로 합의되어 결국 GATT1947의 제VI조에 반덤핑규정이 규범화되기에 이르렀다.[15]

그러나 GATT1947 제VI조에서는 덤핑의 규율에 관한 골격만 규정함으로써 그 시행에 필요한 구체적 내용이 결여되어 있었기 때문에 회원국들로 하여금 국내 (반덤핑)법에 따라 동 제VI조를 시행하도록 허용하였는바 국가들의 기존의 반덤핑법은 시간이 지나면서 체약국들 간의 분쟁을 초래하였고 GATT1947 제VI조의 이행을 위한 구체적인 규칙의 제정이 요구되었다.[16] 한편 1956년 GATT 제11차

---

13) 이는 무산된 국제무역기구(International Trade Organization: ITO)를 가리킨다.
14) Terence P. Stewart, *supra* note 10, pp.1404-11405.
15) 이춘삼, "반덤핑관세분야에 대한 UR협상결과의 분석", 무역학회지 제20권 1호, pp.464-465.

회기에서 체약국단은 사무총장에게 회원국들의 반덤핑법을 체계적으로 비교, 연구하도록 요구하였고 이를 위하여 전문가그룹이 임명되었으며 동 그룹이 작성한 보고서는 반덤핑문제에 있어 쟁점사항을 명확히 하는 데 도움이 되었을 뿐만 아니라 그 후 1967년 Kennedy Round 협상 중 GATT1947 제Ⅵ조의 이행에 관한 협정을 마련함에 있어 중요한 기초가 되었다.[17]

3. Kennedy 라운드

Kennedy 라운드에서 반덤핑규정이 핵심의제로 상정되었고 1967년 6월 30일 제네바에서 "GATT1947 제Ⅵ조의 시행에 관한 협정"(이하 '1967년 반덤핑규약'이라 함)이 타결되었으며 이를 수락한 18개 국가는 동 규약과의 일치를 위하여 자국의 기존 반덤핑법을 개정하기에 이르렀다.[18] 동 규약의 특징으로서 동 규약에는 피해요건에 관한 기본개념인 '국내산업', '피해' 및 '인과관계' 등에 관하여 비교적 상세한 규정을 두고 있다는 것이다.[19] 또한 1967년 반덤핑규약에서는 국가들의 반덤핑법의 집행에 관한 체약당사자들 간의 분쟁을 해결하기 위하여 반덤핑위원회(Committee on Antidumping Practices)를 설치하였다.[20]

1967년 반덤핑규약은 동 규약 제3조 (b)[21]에 덤핑수입의 영향에

---

16) *Ibid*, p.465.
17) Terence P. Stewart, *supra* note 10, p.1417.
18) 고준성, *supra* note 4, p.26.
19) 이춘삼, *supra* note 15, p.466.
20) GATT, BISD 15th Sup, p.35.
21) 1967년 반덤핑규약 제3조 (b)의 원문은 다음과 같음.
     The valuation of injury that is the evaluation of the effects of the

관하여 규정하였다. 동 규정은 피해를 판정함에 있어서 국내산업에 대한 덤핑수입의 영향을 평가할 때 검토하여야 할 요소들을 비교적 상세히 규정하고 있다. 사실 1963년부터 시작된 Kennedy Round 에서 이렇게 상세한 규정을 제시하고 협상하여 합의를 도출하였다는 자체는 엄청난 도전이 아닐 수 없었다. 이러한 노력을 통하여 Kennedy Round 이후 자유무역의 실현에 상당한 성과를 거두었다. 그러나 그 이후 국제무역의 발전 및 변화에 따라 그때까지 적용되어 오던 각종 규범에 대한 근본적인 수정을 가할 필요가 대두되어 1973 년 제7차 다자무역협상인 '도쿄라운드'가 시작되었고 동 라운드에서 반덤핑협정에 대해 부분적인 수정을 하였다.

4. Tokyo 라운드

1973년에 시작된 도쿄라운드에서 보조금에 관한 광범위한 논의의 결과 합의된 "보조금 및 상계관세에 관한 협정"상의 실질적 피해에 관한 규정들이 반덤핑규약에 편입, 규정됨으로써 1979년에 새로운

---

dumped imports on the industry in question-shall be based on examination of all factors having a bearing on the state of the industry in question, such as: development and prospects with regard to turnover, market share, profits, prices(including the extent to which the delivered, duty-paid price is lower or higher than the comparable price for the like product prevailing in the course of normal commercial transactions in the importing country), export performance, employment, volume of dumped and other imports, utilization of capacity of domestic industry, and productivity; and restrictive trade practices. No one or several of these factors can necessarily give decisive guidance.

"GATT1947 제Ⅵ조의 이행에 관한 협정"(이하 '1979년 반덤핑규약'이라 함)이 채택되었고 이는 결과적으로 1967년 반덤핑규약을 대체하게 되었다.[22]

1979년 반덤핑규약에서는 제3.3조[23]에 국내산업에 대한 덤핑수입의 영향의 검토에 관하여 규정하고 있다. 도쿄라운드 기간 중 국내산업에 대한 덤핑수입의 영향의 검토에 관한 규정인 제3.3조는 앞에서보다 더욱 중요한 변화가 발생하였다. 즉 일부 고려요소들의 표현이 변화되었고 많은 요소들이 증가된 반면에 어떤 요소들은 간단하게 삭제된 것이다. 특히 수입가격이 국내가격을 억제하는지 여부와 제한적 무역관행이 있는지 여부의 평가에 대한 요구가 삭제되었다.[24] 1979년 반덤핑규약 제3.3조는 1967년 반덤핑규약 제3조 (b)와 마찬가지로 'such as'라는 표현을 사용함으로써 국내산업에 대한 덤핑수입의 영향을 검토할 때 조사당국이 고려해야 하는 요소들을 예시적으로 열거하였다. 이와 같이 예시적으로 열거된 요소들은 사실상 조사당국에 대해

---

22) 고준성, *supra* note 4, p.26.
23) 1979년 반덤핑규약 제3.3조의 원문은 다음과 같음.

   The examination of the impact on the industry concerned shall include an evaluation of all relevant economic factors and indices having a bearing on the state of the industry such as actual and potential decline in output, sales, market share, profits, productivity, return on investments, or utilization of capacity; factors affecting domestic prices; actual and potential negative effects on cash flow, inventories, employment, wages, growth, ability to raise capital or investments. This list is not exhaustive, nor can one or several of these factors necessarily give decisive guidance.

24) James P. Druling, Matthew R. Nicely, 'Understanding the WTO Anti-Dumping Agreement': Negotiating History and Subsequent Interpretation, 2002. 5, pp.181-182.

강제성이 없었고 조사당국의 자의적인 해석의 가능성이 여전히 존재하였기 때문에 분쟁발생의 가능성은 상존하였다.

II. 우루과이라운드 및 반덤핑협정

1. 우루과이라운드 협상과정

도쿄라운드 이후, 특히 1980년대 이후 기업 활동의 국제화가 가속화됨에 따라 국제무역에 새로운 문제점들이 대두되기 시작하였다. 그러나 1979년 반덤핑규약으로는 이러한 문제점들에 효과적으로 대처할 수 없었고 또한 동 규약 자체가 가지고 있던 덤핑존재 및 실질적 피해의 판정, 조사개시 및 실시, 반덤핑관세의 부과 등에 관한 제반 규정에 있어 그 개념 및 기준들이 명료하지 아니한 관계로 수입국에 의한 반덤핑조치의 남용 가능성이 지적되기 시작하였다.[25]

이러한 상황에서 1986년 우루과이라운드 협상이 개시되었다. 동 협상에서 반덤핑규약의 검토는 비록 독립된 의제로 채택되지는 아니하였지만 1979년 도쿄라운드에서 채택된 MTN협정[26]의 개선을 위한 의제의 협상 분야 중 하나로 논의되기에 이르렀다.[27]

반덤핑협정에 대한 협상은 눈치 챌 수 없을 정도로 조용히 시작되

---

25) 채욱, "반덤핑", 柳莊熙 편, "UR총점검: 最終協定案의 분야별 評價", 대외경제정책연구원, 1993년, pp.71-72.
26) 이는 도쿄라운드 '다자간무역협상'(Multilateral Trade Negotiation: MTN)의 결과 채택된 제반 협정 등을 가리키는바 1979년 반덤핑규약은 그중의 하나에 속한다.
27) 고준성, *supra* note 4, p.27.

었다. 그러나 가장 자주 반덤핑조치를 당하는 수출국과 이러한 조치를 취하는 국가 간에 존재하는 근본적인 목적의 차이는 처음부터 분명하게 드러났다. 전자의 국가들은 반덤핑규범을 가능한 한 엄격하고 명료하게 함으로써 이를 운용하는 기관의 재량을 최소화하고 투명성을 극대화할 것을 희망하였으며, 후자의 국가들은 국제무역의 패턴이 크게 바뀌고, 이에 따라 기업이 기존 반덤핑협정의 규범을 회피하는 새로운 관행을 통해 국내산업의 피해를 초래하는 데 대응하기 위하여 조사당국의 재량을 유지하거나 확대할 것을 희망하였다.[28] 이러한 입장 차이는 좀처럼 좁혀지지 않았고 절충에 도달한다는 것은 거의 불가능한 것으로 보였다. 따라서 이러한 상황에서 반덤핑협정의 입안을 위하여 다음과 같은 반덤핑협정에 관한 초안들이 제시되었다.

우선 1990년 7월 초 비공식 그룹의 의장대행인 찰스 칼리슬(Charles Carlisle)이 비공식 그룹에서 제기된 국가들의 주장을 반영하여 자신의 명의로 Carlisle 제Ⅰ 초안[29]을 제출하였고 8월에 보다 조심스럽게 앞의 초안을 개정한 Carlisle 제Ⅱ 초안[30]을 제출하였다. 이러한 칼리슬의 제안은 협상의 기초가 될 수 없다는 이유로[31] 거의 모든 국가들에 의해 호된 비난을 받았다.

---

28) John Croome, 김의수 譯, "세계무역의 신기원: 우루과이라운드 협상사", pp.107-108.
29) Report of the Acting Chairman of the Informal Group on Anti-Dumping, GATT Doc. No. MTN. GNG/NG/W/83/Add.5(July 23, 1990), p.1.
30) Anti-Dumping Code, (Aug. 14, 1990), (unpulished working document), reprinted in 8 Inside U.S. Trade (Spec. Rep.) Aug.21. 1990.
31) John Croome, 김의수 譯, *supra* note 28, pp.283-284.

1990년 가을 Dunkel 사무총장은 뉴질랜드 대표단으로 하여금 최대의 쟁점사항을 간추려 타협안을 작성할 것을 요청하여 뉴질랜드는 제 I, II, III 초안을 제시하였고 1991년 11월 비공식 실무그룹대표인 R. Ramsauer는 계속적인 교섭을 위한 타협안으로서 초안을 발표하였는데 이를 Ramsauer 초안이라고 한다. 동 초안에는 신속한 정치적 결정을 요하는 반덤핑 분야에 있어 주요한 미해결 사항들을 밝혀 놓은 별표가 포함되어 있다. 이러한 초안들이 체약국들의 입장 차이로 전부 결렬되자 Dunkel 사무총장은 1991년 12월 20일 포괄적인 우루과이라운드의 일괄타결안(package)을 제출하였는데 여기에는 반덤핑협정 초안도 포함되었다. 이를 Dunkel 초안이라고 한다. 동 초안에는 협상대표단들이 제시한 반대되는 입장들은 물론 많은 쟁점들을 미해결인 상태로 두었기 때문에 본질적으로 일종의 중재안이었다고 할 수 있었다.[32]

2. 반덤핑협정 초안에서의 피해판정 요소에 관한 규정

피해판정을 함에 있어서 고려하여야 할 요소들에 관한 협상에서 일본은 덤핑수입품의 물량의 증가, 국내 동종상품 가격에 미치는 그들의 영향, 덤핑수입이 국내산업에 미치는 영향을 피해판정의 전제조건으로 제안하였고, 캐나다는 가격압박뿐만 아니라 판매액의 손실 및 이윤의 감소를 실질적 피해판정에 필요한 조건으로 포함시키자고 제안하였다.[33] 캐나다의 제안에 대하여는 경기순환적 산업이나 고도의

---

32) 고준성, *supra* note 4, pp.35-36.
33) "Communication from Japan Concerning the Anti-Dumping Code",

기술집약적 산업의 경우 이윤의 감소가 없더라도 연구개발에 필수적인 자금을 조달할 정도의 이윤이 보장되지 않음으로써 피해가 야기될 수 있다는 반론이 제기되었다. 피해판정의 전제조건을 명시하자는 위와 같은 주장들에 대하여 미국, EU는 이에 반대하면서 구협정문의 규정만으로도 충분하다고 주장하였다.34) 다만 미국은 1979년 반덤핑규약 제3.3조, 국내산업에 대한 덤핑수입의 영향에 관한 피해요소를 판정을 할 때 부가적인 특별 요소를 추가 고려할 것을 주장하면서 파생(derivative)되었거나 더욱 향상된(advanced) 동종상품의 버전을 개발, 생산하기 위한 국내산업의 노력에 관한 실질적, 잠재적인 부정적 영향을 고려 요소로 추가 규정할 것을 제안하였다.35)

이러한 주장들을 감안하여 작성된 칼리슬, 뉴질랜드, Ramsauer 그리고 Dunkel 초안에서는 피해판정을 함에 있어서 국내산업에 대한 덤핑수입의 영향의 검토에 관한 규정은 다음과 같이 논의되었다.

칼리슬 제Ⅰ 초안에서 국내산업에 대한 덤핑수입의 영향의 검토에 관한 규정은 1979년 반덤핑규약과 동일하였으나, 칼리슬의 제Ⅱ 초안36)은 1979년 반덤핑규약 제3.3조보다 "조사당국은 반드시 덤핑수

GATT Doc. No. MTN. GNG/NG8/W/81, 1990. 7. 9, p.2.

34) 김 · 장법률사무소, "UR덤핑방지협정의 逐條해석, 그 영향 및 대응방안에 대한 연구", 1994. 9, pp.125-126.

35) "Proposal for Improvements to the Anti-Dumping Code", Submission by US, GATT Doc. No. MTN. GNG/NG8/W/59, 1989. 12. 20, p.15.

36) Carlisle Ⅱ Text Article 3.4의 원문은 다음과 같음.

With respect to the impact of the dumped imports on the industry concerned, the authorities shall determine whether the dumped imports have resulted in the loss of sales for the domestic producers of the like product an whether, as a result of the dumped imports, there ha been a reduction of profits accruing, or reasonably expected to accrue,

입이 동종상품을 생산하는 국내생산자의 판매손실을 발생시켰는지 여부, 동종상품의 생산으로부터 발생하는 이익 또는 합리적으로 기대된 이익의 감소 여부를 결정하여야 한다."[37]는 서술을 부연하였다. 그러나 뉴질랜드 초안[38]은 칼리슬 제Ⅱ 초안에서 추가된 부분을 삭제하고 1979년 반덤핑규약에 규정된 고려되어야 할 요소의 범위를 더 넓혔다. 동 초안에서는 (1) 덤핑마진 규모의 고려, (2) 연구 및 발전기금(fund research and development)에 관한 경쟁기업의 능력에 대한 덤핑의 영향이라는 두 요소를 증가시켰다. 뉴질랜드 초안은 또한 1979년 반덤핑규약과 앞의 칼리슬 초안과 다르게 경쟁기업에

---

from the production of the like product. The authorities shall also consider all other relevant economic factors and indices having a bearing on the state of the industry such as actual and potential decline in output, market share, productivity, return on investments, or utilization of capacity; factors affecting domestic prices; actual and potential negative effects on cash flow, inventories, employment, wages, growth, ability to raise capital or investments. this list is not exhaustive, nor can one or several of the factors identified in this paragraph necessarily give decisive guidance.

37) *supra* note 30.

38) 뉴질랜드 초안 제3.3조의 원문은 다음과 같음.

The examination of the impact of the dumped imports on the industry concerned shall include an evaluation of all relevant economic factors and indices having a bearing on the state of the industry including actual and potential decline in sales, profits, output, market share, productivity, return on investments, utilization of capacity; factors affecting domestic prices; the magnitude of the margin of dumping; actual and potential negative effects on cash flow, inventories, employment, wages, growth, ability to fund research and development, or to raise capital or investments. this list is not exhaustive, nor can one or several of the factors necessarily give decisive guidance.

동시에 영향을 줄 수 있는 관련 요소들과 국내산업에 대한 덤핑상품의 인과적 의무를 최소화할 수 있는 관련 요소들을 열거하는 데 주목하였다.[39] 여기서 특기할 만한 사항은 1979년 반덤핑규약에서 'such as'라는 용어를 'including'이라는 용어로 바꿈으로써 예시적으로 열거되었던 요소들에 강제성을 부여하였다는 것으로, 이와 같은 강제적 성격에 관해서는 제3장에서 자세히 다루도록 한다.

이러한 변화는 Dunkel 초안에서 계속 유지되었는데 Dunkel 초안은 국내산업의 상황에 영향을 미치는 관련 경제적 요소들과 지침에 '덤핑마진의 규모'라는 요소를 추가하였다. 또한 규약에 존재하는 요소 이외의 기타 요소들을 검토할 것을 요구하는데, 이는 이러한 기타 요소들에 의해 발생된 피해를 덤핑수입의 결과로 귀속시켜서는 아니 된다고 경고하고 있다.[40]

Dunkel 초안[41]은 WTO 반덤핑협정의 기초가 되었고 일괄타결안 중 반덤핑협정 초안에 대한 협상결과 '연구와 발전기금(fund research and

---

39) Terence P. Stewart, *supra* note 10, p.1575.
40) Terence P. Stewart, *supra* note 10, p.1575.
41) Dunkel 초안의 원문은 다음과 같음.

The examination of the impact of the dumped imports on the industry concerned shall include an evaluation of all relevant economic factors and indices having a bearing on the state of the industry, including actual and potential decline in sales, profits, output, market share, productivity, return on investments, utilization of capacity; factors affecting domestic prices; the magnitude of the margin of dumping; actual and potential negative effects on cash flow, inventories, employment, wages, growth, ability to fund research and development, or to raise capital or investments. this list is not exhaustive, nor can one or several of the factors necessarily give decisive guidance.

development)'이라는 요소가 삭제된 것 이외에는 거의 그대로 반덤핑
협정 제3.4조[42]로 이월되었다.

제2절 반덤핑제도상의 피해판정 요소의 의의

I. 피해판정 요소의 역할

반덤핑협정하에서 반덤핑관세 부과는 조사당국이 증거로서 덤핑을
입증하여야 할 뿐만 아니라 덤핑이 수입국 국내에서 경쟁 국내산업에
실질적 피해를 입혔음을 증명하여야 한다. 따라서 수입국은 덤핑이 있
었다 하더라도 그로 인해 동종상품을 생산하는 국내산업에 이러한 피
해가 발생하였음이 증명되지 아니하는 한 반덤핑조치를 취할 수 없게
된다. 이러한 점에서 피해의 판정은 반덤핑조치를 부과함에 있어서 필
수적 요건[43]이라 할 수 있다.

---

42) 반덤핑협정 제3.4조의 원문은 다음과 같음.

    Article 3.4 The examination of the impact of the dumped imports on
the domestic industry concerned shall include an evaluation of all
relevant economic factors and indices having a bearing on the state of
the industry, including actual and potential decline in sales, profits,
output, market share, productivity, return on investments, or utilization
of capacity; factors affecting domestic prices; the magnitude of the
margin of dumping; actual and potential negative effects on cash
flow, inventories, employment, wages, growth, ability to raise capital or
investments. This list is not exhaustive, nor can one or several of
these factors necessarily give decisive guidance.

43) 고준성, *supra* note 4, 1998년, p.55.

이전의 GATT 시기나 반덤핑협정에서는 반덤핑조치를 결정함에 있어서 이와 같이 중요한 위치에 있는 피해에 관하여 직접적인 정의는 내려지지 않았고 또한 이러한 피해의 개념에 대한 정확한 정의를 내린다는 것 자체가 거의 불가능하였다. 그러나 일찍이 1961년 전문가그룹은 피해의 개념에 대해서는 어떠한 정확한 정의나 수립된 규칙이 있을 수는 없지만 피해판정에 관한 공통적인 기준은 마련되어야 한다고 인식하였다.[44] 이에 근거하여 현행의 반덤핑협정에서는 피해의 판정을 함에 있어서 고려해야 할 제반 요소들을 열거하고 있고 동시에 이러한 고려요소의 하나 또는 여러 개 역시 결정적인 판단의 기준이 될 수 없다는 단서를 달고 있다. 그러나 실제로는 실질적 피해를 판정함에 있어서 회원국들의 자유 재량권 등 잠재적 문제를 내포하고 있어서 회원국들 간의 상이한 의견대립으로 분쟁이 발생하는 경우가 많다.

실질적 피해를 판정하기 위해서는 피해판정 요소들을 고려하여야 하고 이러한 요소들이 어떻게 실질적 피해를 국내산업의 상황을 통해 반영하는지가 아주 중요하다. 특히 반덤핑협정 제3.4조에 열거된 요소들은 국내산업에 대한 덤핑수입의 영향을 검토함에 있어서 매우 중요한 역할을 하고 있으며 피해의 판정에서 반드시 고려되어야 할 필수적인 요소들이라고 할 수 있다. 아래에서는 이러한 요소들이 국내산업에 대한 덤핑수입의 영향을 어떻게 반영하고 있고 또한 각 요소들 간의 상호 관련성을 살펴보도록 한다. 상호 관련성은 피해판정의 요소와 실질적 피해 간의 관계를 더욱 명확하게 한다는 중요한 의의가 있다.

---

44) GATT, 1961 Report, 10: GATT, 8th Supp. BISD, 1960, p.150.

Ⅱ. 반덤핑협정 제3.4조의 피해판정 요소와 실질적 피해

1. 판매의 실질적, 잠재적 감소

덤핑수입은 시장에 상품의 투입을 증가시키거나 가격경쟁을 통하여 판매량과 가격에 영향을 줄 수 있다. 조사 기간 중 만약 매년 판매가격과 판매량이 감소된다면 조사당국은 가격에 기초한 덤핑수입품과의 경쟁이 존재하는지를 고려해 볼 수 있다. 왜냐하면 상품의 시장점유율을 유지하기 위하여 국내생산자들은 가격인하라는 수단을 통하여 덤핑수입품과 경쟁할 수 있기 때문이다. 이와 같은 경우 조사당국은 반드시 시장에서의 덤핑수입품의 판매량과 국내산업의 재정적 이행도 함께 고려해야 한다.[45]

그러나 판매량 또는 가격이 조사 기간 중에 증가하더라도 덤핑수입을 증명하는 다른 요소들에 의해 실질적 피해는 존재할 수 있다. 예컨대, 판매량과 가격이 증가하지만 판매수량에 따른 시장점유율은 조사 기간 중에 감소될 수도 있다.

2. 이윤의 실질적, 잠재적 감소

이윤의 변화는 가격, 판매량과 원가의 변화의 영향을 받는다. 덤핑수입의 영향은 이러한 요소들의 일부 또는 전부에서 나타날 수 있고 과다한 수입량의 증가는 국내산업의 시장성과의 하락으로 나타나며

---

45) Judith Czako 외 2인, "A Handbook in Anti-Dumping Investigations", 2003, pp.289-290.

이는 이윤율의 하락으로 평가될 수 있다.[46] 따라서 이윤의 수준과 수익성(profitability)은 덤핑수입이 피해를 발생시켰는지 여부를 평가함에 있어서 매우 중요한 요소이다.

이윤의 감소는 대부분의 상황에서 피해가 발생하였음을 반영한다. 그러나 특히 고위험 투자집약산업(investment intensive industry)에 20%의 수익률이 요구될 때 수익률이 5%인 경우 관련 국내산업에 치명적일 수 있기 때문에[47] 완전히 이윤의 감소에 근거하여 피해를 판정할 수는 없고 일부 상황에서 개별적 사안에 근거하여 이윤이 감소되지 않은 부분에 피해가 있다는 판정을 할 수도 있다.

3. 생산량의 실질적, 잠재적 감소

생산량 또는 국내생산의 변화는 국내수요 및 경쟁의 변화, 가격의 변동과 생산원가 등 요소들에 기초한 생산결정을 반영한다. 생산량의 감소는 통상적으로 가격변동에 근거한 판매 세입의 감소에 반영되는데 생산량의 감소는 반드시 실질적 피해의 긍정적 판정의 근거가 되지 않는다. 그것은 증가된 생산량은 실질적 피해의 판정을 제외하지 않기 때문이다. 예컨대 생산량이 증가하였지만 판매량 또는 판매가격이 인하되었거나 시장점유율이 인하됨으로써 실질적 피해를 발생시킬 수 있기 때문이다. 또한 생산량의 수치들은 판매와 국내소비를 위한 생산과 생산운영과 관련된 기타 분야에서의 생산을 반영

---

46) 朴亨來, "미국의 산업피해구제제도와 미국 무역위원회의 피해판정요인분석에 관한 연구", 무역구제 2004, 봄호, pp.52-53.
47) 무역위원회, "반덤핑협정 실무운영상 문제점 및 해결방안", pp.26-27.

한다. 만약 계절성(seasonality)이 관련 요소일 경우 매달 또는 매주의 생산량에서 이를 반드시 고려해야 할 것이다.[48]

생산량의 감소는 투하자본을 묶어 놓음으로써 기업의 자금흐름을 막게 되고 나아가 기업의 존립과 지불능력에 심각한 영향을 미칠 수 있다. 수출국으로부터의 수입으로 인해 국내 동종상품의 판매량이 감소되고 경쟁이 증가 또는 경쟁상황에 변화를 가져왔음을 반영할 수 있다. 그 결과로 해당산업의 생산량이 크게 감소하였다면 덤핑에 의한 결과인지를 고려할 수 있고 피해판정에 대한 가능성은 그만큼 더 증대할 것이다.[49]

4. 시장점유율의 실질적, 잠재적 감소

시장점유율의 분석은 국내상품과 덤핑수입의 대체적 시장의 증가 또는 감소와 통상적 수요문제를 고려하여야 한다. 이것은 수입량에 관한 정보를 요구하는데 수입품이 절대적 기간 내에 감소할 수 있지만 그들의 시장점유율은 특정 시장조건하에서 여전히 증가할 수 있다. 국내산업의 시장점유율의 감소(비교적 적은 감소라도)는 실질적인 피해의 징후일 수 있다. 피해조사에서 이러한 징후는 국내산업의 피해 여부의 판정에 중요한 근거가 되는데 그것은 국내산업의 시장점유율의 손해는 세입손해와 이윤의 손해를 발생시키기 때문이다.[50]

일국의 경쟁력 수준을 나타내는 변수로서 무역수지와 수입상품의

---

48) Judith Czako 외 2인, *supra* note 45, pp.290-291.
49) 朴亨來, *supra* note 46, p.53.
50) Judith Czako 외 2인, *supra* note 45, pp.291-292.

시장점유율을 들 수 있다. 일반적으로 국내시장 점유율이 수입제품에 의해 상대적으로 크게 잠식당하게 되면 국내산업의 피해를 고려할 수 있다.[51] 또한 수입품의 증가는 국내 노동자의 임금하락과 실업을 초래하게 된다.

5. 생산성의 실질적, 잠재적 감소

생산성은 제품의 생산량과 제품을 생산하기 위해 투입된 자원(resource) 간의 관계이다. 그러므로 생산성은 생산량 수준과 설비가동률의 변화의 영향을 받는다. 통상적으로 생산성의 증가는 자본 또는 노동력 사용의 증가된 효율에 기인하게 된다. 이는 근본적으로 실제 생산량에 한하여 생산성을 측정해야 되는데 노동력의 생산성으로부터 자본의 생산성을 구별하는 것은 불가능하다. 따라서 조사당국은 생산성의 측정을 위하여 통상적으로 '평균생산량'(average product)을 산정하는데 전체 생산량을 사용된 임의적인 하나의 투입총량으로 나눈 것이 평균생산량이다. 따라서 노동력의 평균생산량은 전체 생산량을 전체 상품을 생산하기 위하여 사용된 노동력의 총량으로 나눈 것이다.[52] 생산성이 감소되면 생산량이 감소되었거나 설비가동률이 감소될 수 있는 것으로 조사당국은 생산성이 감소되면 덤핑수입의 영향을 고려할 수 있다. 그러나 생산성이 증가하더라도 실질적 피해의 발생은 제외되지 않는다. 예컨대, 생산성이 증가하였는데 국내산업은 원가를 줄이기 위하여 고용인원을 감축하여 임금을

---

51) 朴亨來, *supra* note 46, p.54.
52) Judith Czako 외 2인, *supra* note 45, pp.292-293.

감소시킬 수 있기 때문에 실질적 피해는 존재할 수 있다.

6. 투자회수율의 실질적, 잠재적 감소

투자회수율의 변화는 투자를 유치(attract)하거나 투자를 유지하는 국내산업의 능력에 영향을 미친다. 전통적으로 기업과 회계사는 고정자산에 대한 수익률로서 투자회수율을 정의했는데, 즉 순이익을 총자산으로 나눈 수치로써 이 경우 동종상품의 생산에 사용된 자산을 기업의 전체 자산에서 분리하기 어려운 경우가 있다. 이러한 원인 때문에 피해판정에 있어서 투자회수율은 상대적으로 다른 경제적 요인에 비하여 덜 중요시되는 것처럼 표현되어 있다. 투자회수율을 검토함에 있어서 덤핑수입량, 시장점유율, 가격과 기타 정보가 관련될 수 있다.[53]

7. 설비가동률의 실질적, 잠재적 감소

설비가동률의 하락은 많은 자원이 효율적으로 이용되지 못하고 있음을 나타내며 이것은 관련 국내산업의 생산량 저하와 생산능력의 하락을 나타낼 수 있다. 한편 이러한 생산량 감소는 생산시설의 과잉상태를 발생시키고 재고량이 증대하여 조업도가 낮아지게 되는 결과를 초래하게 된다.[54] 물론 이러한 감소의 원인은 덤핑수입과 관련이 없을 수 있는데 예를 들면 원가의 증가는 새로운 설비의 투자 과

---

53) Judith Czako 외 2인, *supra* note 45, p.293.
54) 朴亨來, *supra* note 46, p.53.

정 중 잘못된 관리에서 기인할 수도 있기 때문이다.

그러나 조사당국은 설비가동률의 변동이 심하거나 변동이 미미한 경우 이러한 경향이 덤핑수입의 물량과 관련성이 있는지 여부를 고려할 수 있고 또한 시장점유율, 판매 및 기타 원인들을 검토할 필요가 있다.

8. 국내가격에 영향 주는 요소

동 요소는 국내가격에 영향을 줄 수 있는 덤핑수입보다 그 외의 기타 요소를 고려할 것을 요구한다. 그러한 요소들은 거의 국내산업의 원가구조의 변화와 관계되는데 경쟁가격, 대용상품, 판매실적의 변화도 포함할 수 있다. 가격수치의 경향은 반드시 시장경쟁의 조건 하에서 분석되고 평가되어야 한다.[55]

동 요소는 덤핑수입의 영향이 아닌 국내산업의 관련 영향에 의해서도 국내가격이 변화될 수 있음을 설명하는 요소로서 조사당국은 이러한 요소들에 각별히 주의해야 한다.

9. 덤핑마진의 규모

덤핑마진의 규모는 덤핑으로 인한 피해의 규모를 평가할 수 있는 유용한 지침으로서 특히 가격인하의 수준과 비교할 때 더욱 그러하다. 또한 조사대상의 개별 생산자를 위한 덤핑의 가중평균 덤핑마진

---

55) Judith Czako 외 2인, *supra* note 45, p.294.

과 비교하거나 조사 기간 중 덤핑마진의 규모의 경향을 검토함에 있어서 유용하다.[56] 덤핑마진의 규모는 최종 반덤핑관세를 부과함에 있어서 어느 정도의 반덤핑관세를 부과할지를 결정하는 것이므로 조사당국이나 관세부과를 받는 회원국 모두 관심이 있는 문제이다.

그러나 덤핑마진의 규모가 미소한 경우라 하더라도 다른 요소들에 피해 긍정적인 결론이 나온다면 산업피해를 인정하는 데는 문제가 없을 것이라고 판단되므로 덤핑마진의 규모가 산업피해를 인정하는 데 큰 영향을 미치지는 않을 것으로 생각된다. 다만, WTO 협정문 제5.8조에 언급되어 있는 바와 같이 덤핑마진이 일정기준 미만일 경우 조사가 종결되는 효과는 있을 것이다.[57]

10. 자금순환에 대한 부정적 영향

자금순환은 무역을 위한 내부적으로 형성된 자금의 원천이다. 자금은 매일 무역을 진행하는 중요한 구성요소이고 지속적인 지불능력과 무역생존에서도 아주 중요하다. 자금순환은 영업활동에 의한 투자활동과 금융활동에서도 산출될 수 있다. 통상적으로 판매의 손해는 자금순환의 작동을 감소시키고, 기업으로 하여금 자기의 원천 자본금보다 더 많은 자금을 은행으로부터 대출받게 한다. 자금순환은 1년보다 짧은 기간 내에 부정적 효과가 나타날 수 있기에 어떤 기업에 짧은 기간 내에 자금순환에 부정적 영향이 있을 경우, 덤핑수입

---

56) *Ibid,* pp.294-295.
57) 이건호, "WTO 반덤핑협정 제3.4조 관련 각국의 산업피해 영향분석지표 적용 사례분석 및 활용방안", 2002. 12, p.28.

의 영향이 있는지를 검토할 필요가 있다.[58]

자금순환의 부정적 영향은 재고, 이윤, 투자회수율, 판매, 시장점유율 및 기타 요소를 반영할 수 있다. 예컨대 덤핑수입의 영향으로 자금순환이 원활하지 못하면 재고가 증가되거나 판매량이 감소하여 실질적 피해를 발생시킬 수 있을 것이다.

11. 재고에 대한 부정적 영향

재정연도 말기에 재고수준의 증가는 피해의 징후일 수 있다. 재고변화의 분석은 반드시 정상적 국내조건과 관행에 따라야 한다. 예컨대 계절성 산업의 재고는 매년의 특정 시기 이내에 따른 자연적 변동일 것이다. 만약 특정 시기 마감에 새로운 계절의 시작을 위한 재고에 부합될 경우, 재고정보에 근거하여 피해의 징후를 추측하는 것은 정확하지 않을 수 있다.[59]

재고의 증가는 일반 기업의 영업성적 및 자금순환의 악화를 가져오는 신호탄이다. EU 의 경우, 재고 수준의 고려 시 관련 국내산업에 계절성이 있는 산업인지를 반드시 고려하고 있다. 계절적인 요인을 고려하여 재고수준을 파악하기 위해서 전년 동기 대비 수준을 고려하였다.[60]

---

58) Judith Czako 외 2인, *supra* note 45, pp.295-296.
59) *Ibid.*
60) 이건호, *supra* note 57, 2002. 12, p.26.

12. 고용과 임금에 대한 부정적 영향

판매의 손실, 시장점유율의 손실, 낮은 이윤율로 인하여 피해를 입고 있는 국내산업은 직원의 고용수량과 그에 대응하는 임금을 피해요소로서 고려할 수 있다. 만약 직원이 해고되고 그 숫자가 현저하게 감소되면 전체의 임금에도 영향이 있게 된다. 고용인원은 실질적 고용인의 수 및 임시직의 수에 의하여 평가될 수 있고 개별 고용인의 판매량, 생산수량과 관련이 있다.[61]

각국의 산업피해 지표 분석 시, 고용인원의 절대적 또는 상대적인 증감이 자주 거론되고 있다. 고용인원의 수의 감소는 덤핑수입 때문만이 아니라 기업의 구조조정의 영향에 의한 것일 수도 있기 때문에 조사당국은 다른 이유가 있는지를 파악하여야 할 것이다.

13. 성장에 대한 부정적 영향

동 요소에는 새로운 설비의 투자 또는 생산능력의 확장을 위한 계획의 취소와 지연이 포함되는데 만약 어떤 생산자가 시장점유율을 높이려고 한다면 생산하는 제품의 가격을 인하할 것이고, 기업의 성장을 위한 설비의 투자, 생산의 확대를 하지 않을 것이다. 또한 설비가동률, 판매와 고용도 동 요소에 실질적, 잠재적인 부정적 영향을 미칠 수 있다.[62]

조사당국은 성장의 부정적 영향에 관하여 덤핑수입의 영향으로 부

---

61) Judith Czako 외 2인, *supra* note 45, pp.296-297.
62) *Ibid.*

득이 설비 투자와 생산능력의 확장을 위한 계획을 포기했다는 사실을 조사신청 기업의 서면으로 된 계획서로서 그 주장을 입증하여야 할 것이다.

14. 자본조달 및 투자능력에 대한 부정적 영향

동 요소에는 국내산업의 성장성(viability) 및 수익성이 위협을 받을 가능성과 자본조달 및 새로운 투자의 흡수 또는 투자의 새로운 개시능력이 위협을 받을 가능성이 포함된다. 또한 국내산업에서 생산자의 부채/자본율의 고려는 자본조달 또는 투자능력에 대한 국내산업의 능력을 평가, 분석함에 있어서 유용할 수 있다.[63]

피해를 판정함에 있어서 동 요소는 수익률, 시장점유율, 투자회수율, 자금순환 등 요소와 함께 검토할 수 있다. 예컨대 자금순환이나 투자회수율이 감소되면 투자능력에 영향을 줄 것이고 수익률이나 시장점유율이 감소되면 이에 따른 부채 등이 늘어날 것이며 잇따라 신용도가 떨어져 자본조달능력에 일정한 영향을 미칠 것이다.

---

63) *Ibid.*

제3절 피해판정 요소에 관한 주요국의 운영실태

I. 주요국의 제도적 운영실태

WTO회원국들은 반덤핑협정 제18조에 따라 국내 반덤핑관련 법령을 동 협정의 규정과 일치시켜야 할 의무를 부여받고 있다. 따라서 모든 WTO 회원국들의 반덤핑관련 규정은 동 협정과 일치한다고 볼 수 있다. 그러나 현실적으로 개별 회원국들은 동 협정과 일치한 규정을 두는 것 이외에 자체적으로 국내 상황에 따라 국내산업에 대한 덤핑수입의 영향의 검토에 관한 별도의 규정을 두고 있거나 또는 동 협정의 규정과 일치하지 않은 부분들이 존재하는 경우도 있다. 이에 대해 피해판정과 관련하여 WTO 분쟁 사건에서의 주요 분쟁당사국 및 한국과 중국을 중심으로 그들의 국내 반덤핑관련 규정을 살펴보기로 한다.

1. 선진국의 경우

1) 미국의 규정

미국은 1916년에 국세징수법을 제정함으로써 처음으로 덤핑문제를 직접 다루었다. 그러나 덤핑관련규정은 실용성의 부족으로 거의 사용되지 않았다. 실용성 문제를 해결하기 위하여 1921년에 미국관세법의 일부로서 1921년 반덤핑법(Anti-Dumping Act of 1921)이 제정되었다. 동법은 1979년 통상협정법(Trade Agreement Act)에 의해 폐지되었지만 폐지되기까지는 미국의 기초적인 반덤핑법으로서 기능하였다.[64] 그 이후 1930년 관세법 제Ⅶ편으로 반덤핑법이 공포, 시행되다가 1984년 통상관세법(Trade and Tariff Act) 및 1988년 종합통상경쟁력법(Omnibus Trade and Competitiveness Act)에 의해 부분적으로 개정되어 시행되어 오고 있다.[65]

미국의   반덤핑법   운영기관으로서는   미국국제무역위원회(U.S. International Trade Commission, ITC)와 미국 상무부(U.S. Department of Commerce, DOC)가 있다. 국제무역위원회는 덤핑수입으로 발생한 국내산업의 피해를 판정하는 기관이고 덤핑의 결정을 포함한 그 밖의 반덤핑운영에 대해서는 상무부 국제무역실(Internatioal Trade Administration, ITA)이 담당하고 있다.

미국의 1930년 관세법은 현행의 법률로서 동법 제771조에서 피해판정 요소에 대하여 규정하고 있다. 동 규정의 제771조 (c)(iii)[66]에

---

64) 고준성, *supra* note 4, pp.92-94.
65) 법무부, "UR협정의 법적 고찰", 1994년, pp.252-253.
66) 미국 Tariff Act of 1930 제771조 (c)(iii) 원문은 다음과 같다.
  In examining the impact required to be considered under subparagraph (B)(i)(Ⅲ), the Commission shall evaluate all relevant economic factors which have a bearing on the state of the industry in the United States, including, but not limited to-
  (Ⅰ) actual and potential decline in output, sales, market share, profits, productivity, return on investments, and utilization of capacity,
  (Ⅱ) factors affecting domestic prices,
  (Ⅲ) actual and potential negative effects on cash flow, inventories, employment, wages, growth, ability to raise capital, and investment,
  (Ⅳ) actual and potential negative effects on the existing development and production efforts of the domestic industry, including

서는 관련 요소의 평가에 대해 규정하고 있는바, 고려되어야 할 제반 요소는 반덤핑협정의 규정과 동일하다. 그 이외에 국내산업의 제품개발 및 생산노력에 미치는 실제적 및 잠재적인 부정적 효과가 고려해야 할 요소로 추가되어 있다. 또한 모든 경제적 요소들을 검토할 때 경기순환주기와 경쟁관계를 고려하도록 규정하고 있다.[67] 경기순환주기는 계절적 요소이나 주기적인 경기순환 구조를 가지고 있는 산업의 경우, 덤핑 수입품이 아닌 경기순환에 따라 관련 국내산업이 침체기에 있을 수 있으므로 이에 대한 고려를 하여 경제적 요소를 검토해야 한다는 것을 밝힌 것이다. 그리고 경쟁관계를 고려하도록 한 것은 경제적 요소에 대한 분석을 할 때 수입품과 내수품, 수입품 간의 경쟁관계를 고려하여, 당해 산업에 대한 올바른 이해를 바탕으로 산업피해요소를 분석하도록 하고, 누적적 평가를 해야 할 필요가 있는지에 대한 판단을 검토해야 함을 규정한 것으로 볼 수 있다.[68] 미국의 이러한 규정들은 사실 반덤핑협정에서 규정하지 않은 부분으로서, 반덤핑협정에 위배되었다고 주장하기는 어려울 것으로 보인다.

---

efforts to develop a derivative or more advanced version of the domestic like product, and

(Ⅴ) in a proceeding under part Ⅱ of this subtitle, the magnitude of the margin of dumping.

The Commission shall evaluate all relevant economic factors described in this clause within the context of the business cycle and conditions of competition that are distinctive to the affected industry.

67) 19 U.S.C. § 1677(7)(c)(iii).

68) 이건호, *supra* note 57, pp.3-4.

2) EC의 규정

EU는 1968년 4월 5일에 이사회규칙 제459/68호를 채택하였는데 동 규칙에서는 덤핑과 보조금에 대한 구제조치를 함께 다루고 있다. 그 후 1968년 규칙 제459/68호는 몇 차례의 개정을 거쳐 규칙 1979년 제3017/79호로 대체되었고 1979년 규칙은 1984년 7월 이사회규칙 제2176/84호로 대체되었으며 동 규칙은 또한 1988년 이사회규칙 제2423/88호에 의해 대체되었다. 그러나 1988년 규칙은 WTO 출범과 함께 개정되어야 하였다. 따라서 "1994년 12월 22일 EC의 비회원국들로부터의 덤핑수입에 대한 보호에 관한 이사회규칙 제3283/94호"가 채택됨으로써 이전의 규정을 대체하였다. 1994년 규칙은 본문상 결함이 발견되어 "1995년 12월 22일 EC의 비회원국들로부터의 덤핑수입에 대한 보호에 관한 이사회규칙 제384/96호"를 채택함으로써 1994년 규칙을 대체하였다.[69] 현행 EU의 반덤핑법은 1995년 이사회 규칙 제384/96호이다.

EU반덤핑규칙을 운영함에 있어서 중추적인 역할은 유럽위원회와 이사회가 수행하고 회원국들은 부분적으로 반덤핑절차에 참여할 수 있다.[70] 유럽위원회 산업피해조사국에서 산업피해 조사결과를 유럽위원회덤핑조사국에 통보하고 유럽위원회에서 반덤핑관세의 부과에 관한 권고안을 이사회에 제출하고 동 권고안에 근거하여 이사회에서 최종적인 산업피해 구제조치를 결정한다.[71]

---

69) 고준성, *supra* note 4, pp.189-193.
70) *Ibid*, p.193.
71) 무역위원회, "주요국의 반덤핑 제도, 법령 및 반덤핑조치 비교연구", 2002년 11월 pp.51-53.

1995년 이사회규칙 제384/96호 제3.5조[72]에 피해판정에 관한 요소를 규정하고 있는바 동 규칙 역시 WTO 반덤핑협정의 규정을 그대로 수용하였으나 다음의 두 가지 사항에 관해서는 협정에 규정되지 않은 것을 도입하였다. 첫 번째는 동 규칙에 의하면 피해판정 시 "산업이 과거의 덤핑의 영향으로부터 회복 중에 있는지의 여부"[73]를 고려하도록 하고 있다. 여기서 반덤핑협정에는 없는 이러한 규정을 삽입한 의도는 과거의 덤핑으로 하락된 가격을 사용하면 피해마진이 적게 나와 결과적으로 덤핑관세율이 낮아지는 것을 방지하기 위한 의도로 해석된다.[74] 비록 동 규칙 제3.7조에 기타 요소들에 의해 발생된 피해를 덤핑수입에 귀속시켜서는 아니 된다고 규정하고는 있지만 이러한 규정은 덤핑수입 이외의 요소들에 의해 발생되는 피해가 덤핑수입의 결과로 귀속시켜서는 아니 된다는 반덤핑협정 규정에 위반될 것이다. 또한 동 규칙에는 '피해의 개념'[75]에 대하여 정의

---

72) EU Council Regulation 384/96, Article 3.5. 원문은 다음과 같음.

   The examination of the impact of the dumped imports on the Community industry concerned shall include an evaluation of all relevant economic factors and indices having a bearing on the state of the industry, including the fact that an industry is still in the process of recovering from the effects of past dumping or subsidization, the magnitude of the actual margin of dumping, actual and potential decline in sales, profits, output, market share, productivity, return on investments, utilization of capacity; factors affecting Community prices; actual and potential negative effects on cash flow, inventories, employment, wages, growth, ability to raise capital or investments. This list is not exhaustive, nor can any one or more of these factors necessarily give decisive guidance.

73) Council Regulation 384/96, Article 3.5.

74) 고준성, *supra* note 4, p.267.

75) Council Regulation 384/96, Article 3.1.

하고 있는데 이는 이전의 EC 반덤핑관련 규정에서 찾아볼 수 없었던 규정이었다는 점에서 주목할 만하다.

3) 일본의 규정

일본의 무역구제제도는 '관세정률법'(關稅定率法)과 동 법에 근거하여 제정된 '반덤핑관세에 관한 정령'(不當廉殼關稅에 관한 政令)이 있다. 일본은 1910년 관세정률법을 제정한 이래로 여러 차례 개정을 통해 그 규율 범위를 확장해 왔다. 또한 일본은 1920년에 반덤핑방지법을 제정하였으나 많은 조항들이 미성숙하여 이 법은 오랫동안 발동되지 않았다.[76] 제2차세계대전 이후 일본은 GATT에 가입하기 위하여 반덤핑법의 수정을 진행하였고 1994년 WTO 체제의 출범에 맞추어 관세정률법을 개정하였다.

일본의 관세정률법은 정부 자체가 반덤핑 절차를 집행한다고 규정하고 있다. 그러나 '반덤핑관세에 관한 정령'은 재무성 장관, 관련 산업을 소관하는 장관과 경제산업 장관은 반드시 상호 긴밀한 연락을 유지하고 반덤핑절차에 관련한 중요한 문제에 대해서는 협의하여 결정하여야 한다고 규정하고 있다.[77] 이러한 과정에서 재무장관이 가장 핵심적 역할을 한다. 여기에서 알 수 있다시피 반덤핑 절차에 상

Pursuant to this Regulation, the term 'injury' shall, unless otherwise specified, be taken to mean material injury to the Community industry, threat of material injury to the Community industry or material retardation of the establishment of such an industry and shall be interpreted in accordance with the provisions of this Article.

76) 小室程夫, ゼミナ―ル國際經濟法入門, 日本經濟新聞社 p.214.

77) "不當廉殼關稅에 관한 政令", 제18조.

설정부기관, 독립적 행정기구 또는 임의의 특별한 기구가 관여하지 않는다. 실제로는 관련 부서에서 파견된 몇몇 관리들이 매번 반덤핑 신청이 되었을 경우, 조사기관을 구성하여 각각의 사건을 처리한다.[78]

일본의 무역구제제도에는 상설 조사기관이 없을 뿐만 아니라 피해 판정에 관한 상세한 규정이 없다는 것도 주목할 만한 것이다. 다만 일본 조사당국은 이해당사자가 덤핑상품의 수입 사실 및 당해 수입이 국내산업에 주는 실질적 피해 등의 사실에 관하여 충분한 증거를 제출할 것을 요구하고[79] 동 증거에 근거하여 조사를 개시하며 조사 개시일로부터 60일이 경과하면 충분한 증거에 의하여 덤핑상품의 수입 사실 및 당해 수입이 국내산업에 주는 실질적 피해 등의 사실을 추정할 수 있다[80]고 규정하고 있을 뿐이다.

2. 개발도상국의 경우

1) 멕시코의 규정

멕시코는 1986년에 "멕시코헌법제131조이행에관한법"을 제정하여 처음으로 반덤핑조사와 관련한 행정적 절차를 마련하였고 이에 근거하여 1993년 7월 27일에 대외무역법을 제정하고 동년 12월 30일에 대외무역법규칙을 공포하였다.[81]

---

78) Keith steele, "Anti-Dumping under the WTO: A Comparative Review", 1996, pp.121-122.
79) 関税定率法(明治四十三年四月十五日法律第五十四号) 제8.4조.
80) *Ibid*, 제8.9조.

멕시코 반덤핑제도의 운영기관으로는 경제부와 동 기구 산하의 국제무역관행국이 있다. 국제무역관행국은 멕시코의 반덤핑조사를 책임지고 있으며 대외무역법 및 대외무역법규칙의 범위 내에서 반덤핑조사의 행정적 절차를 수행한다. 경제부는 국제무역관행국의 조사결과에 따라 반덤핑관세의 부과를 결정한다.[82]

멕시코 대외무역법 제41조(Ⅲ)[83]는 국내산업에 대한 덤핑수입의 영향을 규정하고 있는바 반덤핑협정과 비교할 때 15개 요소 중에서 '덤핑마진의 규모'라는 요소는 명확하게 규정하고 있지 않다. 그리고 열거된 요소들은 1개 또는 여러 개가 결정적인 지침이 될 수 없다는 규정을 두지 않았다.[84] 다만 제41조(Ⅳ)에서 정부가 적당하다고 인정하는 기타 요소를 고려할 것을 규정하고 있지만 열거된 모든 요소는 반드시 고려되어야 할 것이 아니라 1979년 반덤핑규약에서 사용하였던 'such as'[85]라는 용어를 그대로 사용함으로써 요소들의 고려는 조사당국의 자유재량에 의해 고려될 수 있음을 나타내고 있다.

---

81) 박노형, "중남미 반덤핑법제도에 관한 연구", 2002. 7, pp.38-39.
82) *Ibid.*
83) 멕시코 Foreign Trade Act, 제41조(Ⅲ)의 원문은 다음과 같음.

  The impact which such imports have had or may have on domestic producers of products identical or alike to those imported, considering all of the relevant economic factors and indices having a bearing on the state of the sector in question, such as actualand potential decline in output, sales, market share, profits, productivity, return on investment, or utilization of installed capacity; factors affecting domestic prices; negative effects actual and potential on cash flow, inventories, employment, wages, ability to raise capital, investment or production growth;

84) 멕시코 Foreign Trade Act, 제41조.
85) *Ibid.*

멕시코의 동 규정은 반덤핑협정에 위배되는 규정이라고 할 수 있고 다른 WTO회원국들의 국내규정과 다르다.

반덤핑협정의 각주 9를 보면 피해는 피해의 우려를 포함하고 있다고 해석하고 있지만 멕시코는 '피해'와 '피해의 우려'의 개념을 별도로 정의하고 있다는 점이 주목할 만하다. 피해의 우려는 국내산업에 대한 피해의 향후 위험이 급박하고 명확함을 의미한다고 정의하고 피해는 덤핑수입에 의한 국내산업이 경험하는 합법적, 정상적, 실질적 손실 또는 새로운 산업의 확립의 저해를 의미한다[86]고 규정하고 있다.

2) 브라질의 규정

브라질의 반덤핑조사 절차와 관련된 법 규정으로는 1995년 3월 30일에 승인된 법 9019와 1995년 8월 23일 승인된 법령 1062가 있다. 법 9019는 반덤핑관세의 법적 성격과 반덤핑조사를 수행하는 권한 있는 정부부서를 정의하고 있으며 반덤핑관세의 적용과 징수에 관한 일반적인 원칙을 확립하고 있다. 법령 1602는 반덤핑조사 및 반덤핑조치의 적용과 관련한 행정절차를 규정하는 법령이다. 브라질은 1995년 반덤핑협정에 일치하는 반덤핑관련 법령 1602를 제정한 이래 현재까지 반덤핑조치의 적용에 대한 법적인 기본 틀을 크게 수정하지 않았다.[87]

브라질은 개발상공부 산하 대외무역국이 반덤핑조사를 개시하고

---

86) *Ibid,* 제39조.
87) 박노형, *supra* note 81, p.77.

재개하거나 종료하며 행정절차를 통해 덤핑 여부, 실질적 피해 또는
그 위협의 존재 여부, 실질적 저해, 덤핑과 피해 간의 인과관계에 대
한 예비 및 최종판정을 한다. 대외무역국에서 조사 및 판정의 결과
를 대외무역위원회에 보고하면 대외무역위원회는 이에 근거하여 반
덤핑관세의 부과 등에 관하여 결정한다. 대외무역위원회는 정부기관
이며 개발상공부에 통합되어 있다.[88]

브라질 법령 1062 제14.5조, 제14.8조와 제14.9조에 국내산업에 대
한 덤핑수입의 영향의 검토에 관한 규정[89]을 두고 있는바 반덤핑협
정을 그대로 수용하였다. 그리고 브라질의 동 규정의 제15.1조에서
피해판정 시 덤핑수입 이외의 피해를 발생시킬 수 있는 기타 요소들
을 규정하고 있는데 고려 가능한 기타 요소들로는 수입품의 물량과

---

88) *Ibid*, p.78.
89) 브라질 Legislative Decree No. 1602. Article 제14.5, 14.8, 14.9조의 원문
은 다음과 같음.
No one or several of these factors can necessarily give a decisive
guidance(Dec. 1602/95-Art. 14.5)
The examination of the dumped (subsidized) imports on the domestic
industry shall include an evaluation of all relevant economic factors
and indices having a bearing on the state of the industry, including
actual and potential declines in sales, profits, output, market share,
productivity, return on investments, or utilization of capacity; factors
affecting domestic prices; the magnitude of the margin of dumping;
actual and potential negative effects on cash flow, inventories,
employment, wages, growth, ability to raise capital or investments,
and, for countervailing duty investigations, in the case of agriculture,
whether there has been an increased burden on government support
programmes(Dec. 1602/95-Art. 14.8).
This list is not exhaustive, nor can one or several of these factors
necessarily give decisive guidance(Dec. 1602/95-Art. 14.9).

가격은 덤핑가격으로 판매되지 않았고, 수요의 수축 또는 소비패턴에서의 변화, 무역의 제한적 관행, 외국과 국내 생산자들의 경쟁, 국내산업의 기술발전, 수출의 실행과 생산성 등의 요소이다.[90]

3) 인도의 규정

인도는 현재 반덤핑제소가 가장 많은 국가이다. 최초의 인도 반덤핑법 입법은 1985년 관세규칙이다. 인도는 1948년에 GATT에 가입했음에도 불구하고 무역자유화를 실시하지 않았고 다자무역협정의 예외조항을 이용하여 소극적으로 무역보호를 견지해 온 반면, 적극적인 반덤핑조치는 사용하지 않았다. 인도의 반덤핑 첫 사례는 1992년에 개시되었다. 우루과이라운드 이후 덤핑에 관한 국내법이 개정되었는데 1995년에 개정된 1975년 관세법의 9A와 9B는 인도 반덤핑법의 제도적 기초를 이루었다. 1999년과 2001년에 개정된 1995년 관세규칙은 역시 인도 반덤핑조사를 위해 제도적 장치를 마련해 주고 있다.[91]

인도의 반덤핑제도의 운영기관으로는 주요하게 상공부와 재무부가 있다. 상공부 산하의 독립된 기능 부서로서 반덤핑실(Directorate General of Anti-Dumping Cell & Allied Duties, DGAD)은 반덤핑조사와 동 조사에 근거하여 산업피해 평가 등을 진행한다. 반덤핑실은 조사와 평가를 거쳐 재무부에 권고안을 제출하고 재무부에서는

---

90) 브라질 Legislative Decree No. 1602. Article 15.1.
91) Susanta Sekhar Das, ITS, "Anti-Dumping as a Trade Remedy Measure: Evidence from Three Countries", 2003, p.48.

조사 및 평가결과를 토대로 최종 반덤핑관세 부과판정을 내린다.[92]

1975년 관세법은 그의 부속서인 피해판정의 원칙에서 피해판정에 관한 규정을 두고 있는바 제IV조[93]에 국내산업에 대한 덤핑수입의 영향에 관해 규정하고 있다. 동 규정은 반덤핑협정의 규정을 그대로 수용하였다. 그리고 제V조에는 고려되어야 할 기타 요소들이 규정되어 있다.[94] 즉 덤핑수입 이외의 피해를 발생시키는 기타 요소들을 규정하고 있는데 수입품의 물량과 가격은 덤핑가격으로 판매되지 않았고, 수요의 수축 또는 소비패턴에서의 변화, 무역의 제한적 관행, 외국과 국내 생산자들의 경쟁, 국내산업의 기술발전, 수출의 실행과 생산성 등을 피해판정 및 인과관계 증명 시 동시에 고려할 것을 요구하고 있다.

---

92) 무역위원회, *supra* note 71, pp.71-73.
93) 인도 Customs Tariff Act, 1975, Annexure II "Principles for determination of injury" 제IV조의 원문은 다음과 같음.

The examination of the impact of the dumped imports on the domestic industry concerned, shall include an evaluation of all relevant economic factors and indices having a bearing on the state of the industry, including natural and potential decline in sales, profits, output, market share, productivity, return on investments or utilization of capacity; factors affecting domestic prices; the magnitude of the margin of dumping; actual and potential negative effects on cash flow, inventories, employment, wages, growth, ability to raise capital investments.
94) 인도 Customs Tariff Act, 1975, Annexure II.

3. 한국과 중국의 경우

1) 한국의 규정

한국의 반덤핑법은 1967년 11월에 처음으로 제정되었는데 관세법에 반덤핑규정을 두고 있었다. 1967년부터 한국 반덤핑법은 관세법의 일부분으로 되어 있었다. 1986년 한국은 1979년 GATT 반덤핑규약의 당사국이 되었고 GATT 반덤핑규칙의 골격 내에서 관세법 및 관세법 시행령의 반덤핑규정을 개정하였다. 우루과이라운드 협상을 통해 완성된 반덤핑협정은 한국의 반덤핑 입법에 반영되었는데 반덤핑협정에 일치시키기 위한 한국의 반덤핑법의 채택은 1995년 12월 6일 관세법 수정안, 1994년 12월 31일과 1995년 12월 30일 대통령령 그리고 1994년 12월 31일 部令(Ministry Regulation)을 통해 이행되었다.[95]

한국의 반덤핑제도의 운영기관으로는 재정경제부와 산업자원부의 무역위원회이다. 무역위원회는 산업자원부에 설치된 준사법적 기구로서 산업피해구제법 제27조에 근거하여 설립되었다. 무역위원회는 덤핑사실 및 실질적 피해 등의 사실에 관한 조사를 담당하고 재정경제부는 반덤핑관세 부과, 재심결정권, 가격약속제의 수락권 등 비조사 권리를 행사한다.[96]

한국은 관세법시행령 제63조 제1항에서 실질적 피해 등의 판정을

---

95) Keith steele, *supra* note 78, pp.135-136.
96) 최원목, "한중일 3국의 불공정무역행위 조사 및 규제에 관한 법제도 연구", 2004. 11. 7, pp.40-42.

함에 있어서 고려하여야 할 사항을 규정하고 있다. 그중에서 제1항의 제3호와 제4호에서 덤핑수입이 국내산업에 대한 영향에 관한 요소를 규정하고 있는데[97] 대체로 반덤핑협정 제3.4조의 규정을 그대로 수용하였다. 그러나 반덤핑협정보다 '국내산업의 기술개발'이라는 요소를 추가하였고 고려되는 모든 요소들이 총망라적이 아니라는 규정이 없다. 한국의 피해판정 요소에 관한 규정은 대체로 반덤핑협정의 규정과 일치하지만 규정이 세밀하지 못하다.

2) 중국의 규정

중국은 반덤핑조치의 최대 피소국이다. 중국은 1994년 5월 12일 대외무역법과 반덤핑및반보조금조례 등을 통하여 중국시장에 대한 외국제품의 덤핑행위를 규제하기 시작하였고 WTO 가입을 계기로

---

97) 한국 관세법시행령(2004. 12) 제63조 제1항의 규정은 다음과 같음.
　① 무역위원회는 제61조의 규정에 의하여 실질적 피해 등의 사실을 조사·판정하는 때에는 다음 각호의 사항을 포함한 실질적 증거에 근거하여야 한다.
　1. 덤핑물품의 수입물량(당해 물품의 수입이 절대적으로 또는 국내생산이나 국내소비에 대하여 상대적으로 뚜렷하게 증가되었는지 여부를 포함한다).
　2. 덤핑물품의 가격(국내 동종물품의 가격과 비교하여 뚜렷하게 하락되었는지 여부를 포함한다).
　3. 덤핑차액의 정도(덤핑물품의 수입가격이 수출국내 정상가격과 비교하여 뚜렷하게 하락되었는지 여부를 포함한다).
　4. 국내산업의 생산량·가동률·재고·판매량·시장점유율·가격(가격하락 또는 인상억제의 효과를 포함한다.)·이윤·생산성·투자수익·현금수지·고용·임금·성장·자본조달·투자능력·기술개발.
　5. 제1호 및 제2호의 내용이 국내산업에 미치는 실재적 또는 잠재적 영향.

반덤핑조례를 새로 제정하였다. 중국은 WTO 가입한 이후 새로운 형세에 대응하기 위하여 2004년에 대외무역법과 반덤핑조례를 개정하고 각각 2004년 7월 1일과 2004년 6월 1일부터 시행하였다. 또한 중화인민공화국 상무부는 2003년 10월 17일에 반덤핑산업피해조사규정을 시행하고 반덤핑조사를 규율하고 있다.

중국의 반덤핑제도의 운영기관으로서는 중화인민공화국 상무부와 농업부이다. 중화인민공화국반덤핑조례[98]에 의하면 피해의 조사와 판정은 상무부에서 담당하는데 그중 농산물의 덤핑으로 인한 국내산업의 피해조사에 관하여는 상무부와 농업부가 협동하여 진행한다고 규정하고 있다. 반덤핑제도의 운영에 관한 구체적 업무는 상무부 산하의 수출입공평무역국(Bureau of Fair Trade for Import and Export) 및 산업피해조사국(Bureau of Industry Investigation)이 담당한다.

중국의 대외무역법 제8장에 대외무역구제라는 제목으로 반덤핑에 관한 기본적인 규정을 두고 있고 반덤핑조례와 반덤핑산업피해조사규정에서 반덤핑에 관하여 상세히 규정하고 있다. 특히 덤핑수입이 국내산업에 대한 영향의 요소는 반덤핑산업피해조사규정 제7조[99]에 규정하고 있는데 반덤핑협정 제3.4조의 규정과 거의 동일하다. 다만

---

98) 중화인민공화국반덤핑조례 제7조.
99) 중국 반덤핑산업피해조사규정 제7조의 규정은 다음과 같음.
덤핑수입품이 관련 국내산업에 미치는 영향의 검토는 판매, 이윤, 생산량, 시장점유율, 생산성, 투자수익률, 또는 설비가동률에서의 실제적이고 잠재적인 감소, 국내가격에 영향을 미치는 요소, 덤핑마진의 크기, 자금순환, 재고, 고용, 임금, 성장, 자본 또는 투자 조달능력에 대한 실제적이며 잠재적인 부정적 영향 등 산업의 상태에 영향을 미치는 제반관련 경제적 요소 및 지표에 대한 평가를 포함한다.

그러한 요소들은 총망라적이 아니라는 표현이 없다. 특기할 만한 사항으로 반덤핑산업피해조사규정 제9조는 국내산업의 건립에 대한 실질적 지연을 확정함에 있어서 고려하여야 할 요소를 규정하고 있는데 동 요소들로는 (1) 국내산업의 건립 또는 준비상황, (2) 국내수요의 증가상황 및 그 영향, (3) 덤핑수입상품이 국내시장에 대한 영향, (4) 덤핑수입상품의 후속 생산능력과 국내시장에서의 발전추세이다. 동 규정은 중국 국내산업 대부분이 확립 단계에 있는 중국의 현실을 고려하여 상세히 규정한 것일 것이다.

Ⅱ. 국내 사례에서의 적용실태

모든 WTO회원국들은 반덤핑협정의 규정을 국내규정에 그대로 반영하고 있다. 따라서 동 협정에 규정하고 있는 피해판정 요소에 관한 규정에 따라 피해판정을 하려고 노력하고 있다. 그러나 반덤핑협정의 피해판정에 관한 요소의 규정이 워낙 불충분하여 회원국들의 자유재량의 여지가 상당히 크다. 피해판정에 관한 규정을 살펴보면 피해판정에 관한 요소들을 대체로 열거하고 있지만 그러한 요소들을 평가 및 분석하는 방법은 제시하지 않고 있다. 이러한 상황에서 주요 회원국들의 피해판정은 조사당국의 재량에 따라야 하는 상황이다. 피해판정을 할 때 피해판정 요소를 검토함에 있어서 개별 WTO 회원국들의 기본적인 요소들에 대한 검토는 대체로 비슷하지만 검토의 수준에는 일정한 차이가 존재한다.

1. 미국과 EU

미국의 경우, 모든 사건에서 피해판정 시 경쟁조건을 우선 고려하고 있고 잠정판정이나 최종판정에서 될 수 있는 한 미국 반덤핑법에 규정된 피해판정 요소를 전부 검토하려고 한 노력을 찾아볼 수 있다. 위에서 설명한 것과 같이 미국의 반덤핑규정에는 모든 경제적 요소를 검토할 때 반드시 경기순환주기와 경쟁관계를 고려하도록 규정하고 있다. *Magnesium from China and Russia 사건*[100] 에서 국내 산업이 가격경쟁에 직면하게 되면 동종상품의 가격을 인하하는 방식으로 대처하는 경향이 있다고 분석하였다. 또한 *Certain Aluminum Plate from South Africa 사건*[101] 에서 조사대상 수입품은 비조사대상수입품보다 국내 동종상품과의 대용성이 훨씬 높게 조사되었고 이는 국내 동종상품의 가격을 억제하여 국내 가격에 부정적 영향을 크게 미치고 있다고 분석하였다.

EU의 경우, 각각의 경제적 요소에 대한 검토 결과를 열거하고 잠정조치 판정에서 거론되지 않은 요소들에 대해서 최종판정에서 언급하는 방식을 취하여 모든 경제적 요소를 고려하였음을 보여준다. 또한 위에서 언급한 바와 같이 EU의 반덤핑규정에서는 피해판정 시 "산업이 과거의 덤핑의 영향으로부터 회복 중에 있는지의 여부"를 고려할 것을 요구하고 있다. *홍콩과 중국에서 수입되는 작은 스크린 칼라TV 접수기 사건과 체코공화국에서 수입되는 Hematite Pig Iron*

---

100) USITC Publication No.3685, April 2004, Investigation Nos. 731-TA-1071-1072(Preliminary), pp.14-15.
101) USITC Publication No.3734, November 2004, Investigation No. 731-TA-1056(Final) pp.35-37.

*사건*에서 유럽공동체 당국은 동 국내산업이 과거의 덤핑영향에서 회복되었는지 여부를 고려하여 판정을 하였다.[102] 과거의 피해에서 회복되지 않은 국내산업은 덤핑에 더욱 취약할 것은 당연하다. 그러나 현재의 국내산업에 발생된 피해가 과거의 덤핑에 의해 발생되었는지 아니면 다른 요소, 예컨대 잘못된 관리, 생산원가의 초과 등 부정적 영향으로 발생하였는지를 구별하기가 어렵다. 또한 덤핑 이외의 요소들에 대한 고려는 실질적 피해를 판정할 때보다 오히려 반덤핑조치를 적용할 때 고려[103]된다는 것도 특기할 만한 사항이다.

2. 일 본

일본 같은 경우는 우선 반덤핑조치를 발동한 사례가 많지 않다. 최근에는 반덤핑조사가 거의 발동되지 않고 있고 현재 부과 중에 있는 반덤핑관세 사건도 1건에 불과하다.[104] 위에서 설명한 바와 같이 일본은 피해판정 요소에 관한 명확한 규정이 없고 상설 피해조사기관도 가지고 있지 않다. 일본의 피해판정 요소에 관하여 *Ferrosilicomanganese 사건에서* 언급되었는데 동 사건에서 시장점유율, 덤핑수입에 의한 가격인하, 판매, 생산자들의 소득 및 원가의 변화를 고려한 것으로 나타났다.[105] 피해판정 요소의 운영은 구체적 사건을 살펴보면 알 수 있겠지

---

102) Clive Stanbrook, Philip Bentley, "DUMPING AND SUBSIDIES: The Law and Procedures Governing the Imposition of Anti-Dumping and Countervailing Duties in the European Community", 1996, p.120.
103) *Ibid.*
104) 박노형, "Role of Lawyers for the East Asian Trade", 2005. 5, pp.12-16.
105) Keith steele, *supra* note 78, p.130.

만 반덤핑법의 규정에 구체적인 규정이 없으므로 투명성이 결여되어 덤핑에 관하여 피해판정을 할 경우 조사당국의 자의적 판단과 개입이 충분히 발생할 수 있을 것으로 예상된다.

3. 한국, 중국 등 개도국

한국의 경우, 예비판정이나 최종판정의 판정문을 살펴보면 대체로 거의 모든 피해판정에 관한 요소를 고려하였음을 알 수 있다. 또한 한국의 반덤핑법 규정에는 국내산업의 연구개발이라는 요소를 고려할 것을 명시적으로 규정하고 있다. 동 규정에 의하여 무역위원회는 산업피해를 판정할 경우, 생산설비에 대한 이윤의 재투자와 연구개발 투자에 대한 비용을 분석하여 덤핑수입으로 인하여 영향을 받고 있는지 여부를 평가한다.[106] *중국산 페로실리코망간 사건*[107] *에서* 2002년의 연구개발 비용은 98년도에 비해 163.1% 증가하였다고 분석하고 있지만 *중국산 아나타제형 이산화티타늄 사건*[108] *에서* 2002년과 2003년의 전년대비 연구개발비는 각각 98.7%와 100% 감소하였다고 조사되었다.

중국과 인도의 경우, 한국과 마찬가지로 조사당국이 국내 반덤핑

---

106) 무역위원회 "덤핑수입으로 인한 국내산업피해조사 실무지침", 2001. 7, p.50.
107) 무역위원회 조사번호: 구제 23-2002-9, 2003년 10월 11일, "중국산 페로실리코망간 덤핑방지관세부과 및 가격약속재심사 조사결과 보고서", p.19.
108) 무역위원회 조사번호: 구제 23-2004-1, 2004년 4월 21일, "중국산 아나타제형 이산화티타늄의 덤핑수입사실 및 국내산업피해유무 조사개시여부 검토보고서", p.23.

법에 규정된 모든 피해판정 요소를 검토하려 했음을 구체적 사례를 통해 알 수 있다. 그러나 한국과 중국을 포함한 많은 개도국들이 피해판정 요소를 고려할 때 개별 요소들에 대한 분석만 있을 뿐 개별 요소를 분석함에 있어서 다른 요소들과의 연관성에 대해서는 설명하고 있지 않다. 다만 중국의 *EU, 한국 등 국가산 클로로포름 사건*[109]*에서* 중국 상무부는 피해판정의 개별 요소를 분석할 때 기타 요소와 관계를 간단하게 설명하면서 요소들이 국내산업의 피해를 어떻게 나타내고 있는지 여부를 설명하였다. 인도의 경우, *러시아, 중국, 우크라이나 산 certain seamless grade alloy 등 수입사건*[110]*과 한국산 에틸렌 프로필렌 고무 수입사건*[111]을 분석한 결과 조사당국이 피해판정을 함에 있어서 중요하다고 인정하는 피해요소는 상세히 설명을 하고 있지만 그렇지 않은 요소들에 대하여서는 너무 간단하게 서술하고 있을 뿐만 아니라 어떤 요소는 분석하지 않았고 분석하지 않은 충분한 이유도 설명하지 않았다. 예컨대 첫 번째 사건에서 중요하다고 인정되는 설비가동률과 이윤은 상세히 설명하고 하였지만 기타 시장점유율, 생산성 그리고 판매 등의 요소는 대폭 감소되었다는 표현으로 그쳤다.

---

109) MOFCOM, "EU, 한국, 미국, 인도산 클로로포름에 대한 반덤핑 예비판정", 상무부 제9호 공고, 2004년 4월 8일.
110) DGAD "Anti-dumping investigation concerning import into India of certain seamless grade alloy and non alloy steel billets, bar and round from Russia, China and Ukraina", 2000년 12월 1일 예비판정 및 2001년 6월 1일 최종판정.
111) DGAD "Anti-dumping investigation concerning import imports of Ethylene Propylene Rubber(EPM) and Ethylene Propylene Diene Rubber(EPDM) from Korea RP", 2000년 3월 23일 예비판정 및 2000년 8월 21일 최종판정.

4. 피해판정 요소의 검토수준 차이

위의 분석에서 알 수 있듯이 각국들의 공통적인 것은 자국의 규정에서 열거하고 있는 경제적 요소(반덤핑협정의 동일한 부분)들에 대해서는 잠정조치를 위한 판정에 있어서도 전부 고려하였음을 각국의 사례를 통해 알 수 있다. 그러나 이러한 사례는 개별적 경제적 요소들을 어떤 방식으로 고려하여 어떠한 결론에 이르렀는지에 대해서는 언급이 없다.

각국의 피해판정에 관한 요소들의 분석을 살펴보면 개별 요소가 모두 피해판정에서 긍정적 역할을 하는 것만은 아니며, 일부 요소는 부정적 역할을 하는 경우도 많이 발생한다. 이와 같이 긍정적 요소와 부정적 요소가 대립될 경우, 피해판정의 결론에 대하여 모두를 설득시킬 수 있는 적당하고 합리적인 설명을 하여야 할 것이다. 개별적 요소들이 단독으로 해석될 경우에는 피해 긍정적 신호로 해석될 수 있지만 다른 요소들과 연관하여 볼 때 반대의 결과를 얻을 수도 있다.[112] 피해판정 요소를 검토함에 있어서 개별적 요소를 연관시켜 검토하는 면에서 미국이 상당히 앞장서고 있다. 미국을 제외한 기타 국가들은 피해판정을 함에 있어서 피해판정 요소를 개별적으로 분석을 하고 피해판정 요소들의 분석 결과가 서로 대립되더라도 아무런 해석 없이 피해판정을 하는 경우가 많다. 예컨대 중국은 *한국, 러시아 등 국가산 냉연강판 사건[113]* 에서 생산성은 상승세를 보여 조사 기간 중에 대폭 증

---

112) 이건호, *supra* note 57, pp.28-30.
113) MOFCOM, "러시아, 한국, 우크라이나, 카자흐스탄 등 4개국과 대만 지역의 냉연강판에 대한 반덤핑관세 최종판정", 상무부 제50호 공고, 2003년 9월 23일.

가하였고 임금 수준도 조사 기간 중에 상승세를 보이면서 대폭 증가하였다고 조사결과를 분석하였다. 이에 대해 중국 상무부는 생산성의 증가는 중국 국내산업의 관리와 기술의 개선을 말해 주고 있다고 해석하는 한편 임금의 상승에 대해서는 아무런 해석 없이 피해판정을 하였다. 또한 국내산업의 관리와 기술의 개선을 말한다고 분석한 자체는 중국정부의 자의적 판단일 가능성이 아주 높다. 그 외에도 회원국들은 자국의 규정에 열거된 반덤핑협정에 명시되지 않은 피해판정 요소는 자국의 실정에 따라 검토하고 있다.

제4절 소 결

반덤핑협정에서의 피해판정 요소는 Kennedy Round에서 협상된 반덤핑규약에서 처음으로 규정되었고 반덤핑규약이 개정·보완됨에 따라 변화되어 왔다. 동 규정의 피해판정 요소들은 회원국들이 국제무역을 하면서 쌓은 경험과 여러 차례의 협상을 통해 이루어졌고 비록 반덤핑협정상의 피해판정에 관한 요소의 규정은 많은 부분에서 아직도 더 보완할 필요가 있지만 이전의 규정보다 진보하였다고 할수 있다. 동 규정을 보완함에 있어서 회원국들의 상당한 노력과 시간이 필요할 것이다.

반덤핑협정에서는 실질적 피해에 대해 정의하지 못하고 있고 다만 실질적 피해를 분석하고 판정하기 위하여 그것에 필요한 요소들을 규정하고 있다. 따라서 실질적 피해를 판정함에 있어서 불가결의 요소들을 분석하고 이해하는 것이 더욱 중요할 것이다. 반덤핑협정 제3.4조에 규정된 국내산업에 대한 덤핑수입의 영향을 검토할 경우 평가해야 할 15개 요소들은 실질적 피해를 판정함에 있어서 어느 하나가 결정적인 요소가 될 수 없다. 왜냐하면 위에서 분석한 것과 같이 덤핑수입이 국내산업에 피해를 주는지 여부를 판단하는 데 있어서 각각의 요소들을 분석할 때, 다른 요소와의 상호 연관성 또는 다른 요소들과 함께 고려해야 하는 경우가 존재한다. 사실 이러한 요소들은 서로서로가 국내산업의 상황을 반영하는 데 있어 상호 작용을 하고 있다. 또한 이러한 요소들은 덤핑의 영향을 받지 않았음에도 불구하고 어떤 경우에는 피해의 긍정적 영향 또는 감소를 나타내지만 덤핑의 영향을 받았는데도 어떤 경우에는 피해의 부정적 영향 또는 증가를 나타내는 경우도 발견할 수 있다. 따라서 한 개 요소의 결과로서 피해의 존재를 판정한다는 것은 불가능하게 되고 적어도 반덤핑협정 제3.4조에 열거된 15개 요소를 모두 검토하고 이러한 요소들이 반영한 결과의 분석을 통하여 피해의 존재 여부를 판정하는 것이 바람직하다.

하지만 각국의 규정과 사례에서의 피해판정 요소에 대한 운영실태를 살펴보면 피해판정 요소를 일부분만 고려하는 경우도 발생한다. 또한 개별적인 피해판정 요소에 대한 분석은 진행하지만 상호 간의 관련성은 검토하지 않는 경우가 대부분이다. 피해판정 요소를 분석함에 있어서 단순하게 조사 기간 중의 각 요소와 관련된 수치들을 열거하고 대비하는 수준에 그치고 어떠한 방법으로 어떠한 결과를 도출했는지는 설명하지 않을 뿐만 아니라 피해판정에 관한 긍정적 요소와 부정적 요소가 대립되는 상황에서도 무엇 때문에 국내산업에 실질적 피해를 발생시켰는지 해석을 하지 않는 경우가 대부분이다.

제3장
피해판정 관련 WTO 분쟁사례 분석

제1절 WTO 분쟁사례 개관

조사당국은 개별 반덤핑조치 부과 사건에서 피해에 관한 최종판정을 해야 한다. 따라서 WTO 분쟁해결기관에서 피해판정에 관한 조항이 쟁점이 된 사례가 많다. 그중에서 분쟁해결기관의 패널이 평결한 반덤핑협정 제3.4조에 관련된 사건은 다음과 같이 10건이 있다.

[표 2] 반덤핑협정 제3.4조와 관련하여 패널이 평결한 사건

	DS No.	사건 이름	제소일자	피해판정 반덤핑조문
1	DS122	Thailand-Anti-Dumping duties on Angles, Shapes and sections of Iron or non-alloy steel and H-beams from Poland	1998.04.06	3.1, 3.2, 3.4, 3.5
2	DS132	Mexico-Anti-Dumping Investigation of High-Fructose Corn Syrup (HFCS) from the United States	1998.05.08	3.1, 3.4, 3.7
3	DS141	European Communities-Anti-Dumping Duties on Imports of Cotton-Type Bed Linen from India	1998.08.03	3.1, 3.4, 3.5
4	DS156	Guatemala-Definitive Anti-dumping Measures on Grey Portland Cement from Mexico	1999.01.05	3.2, 3.4
5	DS184	United States-Anti-Dumping Measures on Certain Hot-Rolled Steel Products from Japan	1999.11.18	3.1, 3.2, 3.4, 3.5, 3.6

	DS No.	사건 이름	제소일자	피해판정 반덤핑조문
6	DS211	Egypt-Definitive Anti-Dumping Measures on Steel Rebar from Turkey	2000.11.06	3.1, 3.2, 3.4, 3.5
7	DS219	European Communities-Anti-Dumping Duties on Malleable Cast Iron Tube or Pipe Fittings from Brazil	2000.12.21	3.2, 3.4, 3.5
8	DS241	Argentina-Definitive Anti-Dumping Duties on Poultry from Brazil	2001.11.07	3.1, 3.2, 3.4, 3.5
9	DS268	United States-Sunset Reviews Of Anti-dumping Measures On Oil Country Tubular Goods From Argentina	2002.10.07	3.1, 3.2, 3.4, 3.5
10	DS277	United States-Investigation of the International Trade Commission in Softwood Lumber from Canada	2002.12.20	3.2, 3.4, 3.7

Ⅰ. 태국－폴란드산 H型鋼에 대한 반덤핑관세 부과사례

1. 사실관계

1996년 6월 21일에 태국 국내 유일한 H형강(H-Bean)생산자 Siam Yamato Steel Co. Ltd.(SYS)는 태국 상무경제부에 원산지가 폴란드인 H형강에 대해 반덤핑조사개시를 신청을 하였다. 이에 태국 상무경제부는 1996년 8월 30일에 정식으로 폴란드로부터 수입하는 H형강에 대해 반덤핑조사를 개시한다고 공고하고 조사를 거쳐 1996년 12월 27일에 태국정부는 원산지가 폴란드인 H형강에 대해 임시 반덤핑관세를 부과한다고 판정하였다. 동 판정에 근거하여 태국 대외무역부는 1997년 5월 26일에 원산지가 폴란드인 H형강에 대해 27.78%의 최종 반덤핑관세를 부과하였다.

태국의 동 최종판정에 폴란드는 불복하여 DSB에 제소하였는데 동 사건에서의 법적쟁점 중의 하나는 반덤핑협정 제3.4조에 열거된 요소를 전부 검토하였는지 여부의 문제와 동 요소들에 대한 검토의 충분성 여부의 문제였다.

2. 당사국 입장

1) 폴란드의 주장

폴란드는 반덤핑협정 제3.4조 중의 모든 요소들은 반드시 관련 조사당국에 의해 고려되어야 한다고 주장하였다. 또한 폴란드는 태국 조사당국이 피해의 존재를 증명하기 위해 언급한 필요한 몇 개의 요소들의 분석이 피해의 존재를 증명한 것이 아니라 피해가 존재하지 않는다는 것을 명백히 증명하고 있다고 주장하였다. 따라서 폴란드는 태국 조사당국에 의해 언급된 요소들은 결론적 방식이고 그것을 증명하는 증거는 없었으며 또한 이러한 요소들은 실제적으로 피해를 논증하는 데 부족하였다고 주장하였다. 때문에 폴란드는 태국정부의 피해판정은 명확한 증거에 기초하지 않고 객관적인 평가가 아니라고 주장하였다.114)

---

114) Thailand-Anti-Dumping Duties on Angles, Shapes and Sections of Iron or Non-Alloy Steel and H-Beams from Poland, WT/DS122/R, at paras 7.216-7.218.

2) 태국의 주장

태국은 제3.4조의 규정에 따라 모든 관련 요소를 평가하였다고 주장하였다. 태국정부는 제3.4조의 모든 요소의 평가에 관련하여 도표로 증명할 것을 요구하는 패널의 방식에 이의를 제기하고 패널의 심사는 반드시 폴란드가 처음 문서로 제출한 요소들에 제한되어야 한다고 주장하였다. 또한 태국 조사당국은 폴란드가 태국이 모든 관련 요소를 평가함에 있어서 불공정하고 주관적이었다는 것을 입증하지 못했다고 주장하면서, 반덤핑협정의 규정은 단지 조사당국이 제3.4조의 요소들에 대해 조사개시 중에 고려할 것을 요구하지만 피해를 판정함에 있어서 반드시 고려되어야 할 요소는 아니다, 즉 반덤핑협정 제3.4조에 열거된 요소는 예시적 열거뿐이라고 주장하였다.[115]

3. 패널 및 상소기관의 평결

패널은 태국 조사당국이 반덤핑협정 제3.4조에 열거된 15개 요소를 반드시 고려하여야 하고 동 규정에 열거된 요소는 강제성이 있으며 태국 조사당국은 피해판정 시 명확한 증거에 기초하여 객관적인 검토를 하지 않았기 때문에 반덤핑협정 제3.1조와 제3.4조를 위반하였다고 판정하였다.[116] 동 사건의 상소기관은 패널의 반덤핑협정 제3.4조에 관한 해석과 판정을 지지하였다.

---

115) *Ibid,* at paras 7.219-7.220.
116) *Ibid,* at para 8.3(b).

Ⅱ. 멕시코 - 미국산 고과당옥수수시럽에 대한 반덤핑관세 부과사례

1. 사실관계

1997년 1월 14일 멕시코 전국설탕및주류협회(Mexico's National Chamber of Sugar and Alcohol Industries)는 멕시코 무역및공업발전부(Secretariat of Commerce and Industrial Development)에 미국산 옥수수시럽에 대해 반덤핑조사개시를 신청하였다. 멕시코 무역및공업발전부는 조사를 거쳐 1997년 6월 25일에 잠정판정을 하고 미국산 두 가지 옥수수시럽에 대해 임시반덤핑관세를 부과하기로 판정하였다. 그러나 임시조치는 최종판정을 공포할 때까지 지속되었다. 1998년 1월 23일에 멕시코 무역및공업발전부는 최종판정을 공포하고 두 가지 종류의 옥수수시럽에 대해 매 메트릭 톤당 최고로 175.50 $의 최종반덤핑관세를 부과하기로 판정하였다. 이에 미국은 DSB에 제소하였고 심리를 거쳐 패널은 2000년 2월 24일에 보고서를 채택하고 멕시코에 반덤핑협정에 일치할 의무를 이행할 것을 권고하였다. 이에 따라 멕시코는 2000년 9월 20일에 원 최종판정을 개정한 재판정(Redetermination)을 발표하였는데 동 재판정에서는 1997년 6월 26일부터 1998년 1월 23일까지의 임시반덤핑관세를 지불하기 위한 수입의 임시관세와 보증금 그리고 그에 따른 이자까지 상환한다고 판정하였지만 국내설탕산업에 피해의 우려가 존재한다는 이유로 원 조사 기간 중에 부과되었던 최종 반덤핑관세를 확인하였다.

동 사건에서의 법적쟁점 중의 하나는 피해우려를 판정할 때 반덤핑협정 제3.7조의 피해우려 판정 요소를 고려하는 동시에 반덤핑협정 제3.4조에 열거된 피해판정 요소를 검토할 필요가 있는지 여부의 문제와 피해판정 요소의 충분성 여부의 문제였다.

2. 당사국의 입장

1) 미국의 주장

미국은 피해우려의 판정은 단순히 반덤핑협정 제3.7조에 열거된 요소의 검토에만 기초해서는 아니 되고 제3.4조에 열거된 관련 일부 경제적 요소의 검토를 통하여 국내산업에 대한 수입의 영향을 분석해야 한다고 주장하였다. 미국은 제3.4조의 모든 요소들을 고려할 필요는 없지만 피해우려의 존재를 입증하는 유리한 요소만을 분석할 것이 아니라 기타 피해우려의 판정에 관련되는 요소도 고려하여야 한다고 주장하였다.117)

또한 미국은 멕시코의 재판정에서 반덤핑협정 제3.4조에 열거된 요소들에 대한 충분하고 의미 있는 분석을 제공하지 않았다고 주장하였다.118)

---

117) *supra* note 8, at paras 7.111-7.112, 7.121.

118) Mexico-Anti-dumping Investigation of High Fructose Corn Syrup (HFCS) from the United States-Recourse to Article 21.5 of the DSU by the United States, WT/DS132/RW, at paras 6.24-6.25.

2) 멕시코의 주장

멕시코는 반덤핑협정에서 조사당국이 피해우려의 판정 시 반드시 제3.4조에 규정된 요소들을 분석할 것을 요구하고 있지 않기 때문에 조사당국은 임의로 제3.2, 3.4, 3.7조에 규정된 요소 중에서 어떤 것을 검토하고 해석할지를 결정하고 무엇 때문에 어떤 요소는 검토 및 분석되지 않았는지를 설명할 필요가 없다고 주장하였다.[119]

멕시코는 재판정에서 반덤핑협정 제3.4조와 제3.7조에서 서술된 관련 요소들의 정보를 분석하였고 특히 미국이 원 판정에 대해 이의를 제기한 부분에 대해서도 새롭게 분석을 하였다고 주장하였다.[120]

3. 패널 및 상소기관의 평결

패널은 멕시코 조사당국이 피해의 우려를 분석할 때, 오직 반덤핑협정 제3.7조에 열거된 요소만을 검토하였고 반덤핑협정 제3.4조에 열거된 피해요소를 충분하게 검토하지 않았다고 분석하였다. 또한 멕시코 조사당국은 국내 일부 기업의 정보만으로 전체 국내산업에 대한 수입의 영향을 고려하였기 때문에 반덤핑협정 제3.1, 3.2. 3.4, 3.7조를 위반하였다고 패널은 판정하였다.[121]

멕시코의 재판정에 대해서도 재판정을 심리한 패널과 상소기관은 멕시코의 결론은 반덤핑협정 제3.1, 3.2, 3.7조를 위반하였다고 판정하였다.[122]

---

119) *supra* note 8, at paras 7.122-7.123.
120) *supra* note 118, at paras 6.26-6.27.
121) *supra* note 8, at para 8.2(a).

Ⅲ. EC - 인도산 綿製寢具에 대한 반덤핑관세 부과사례

1. 사실관계

1996년 7월 13일 EC 목화와연합방직물위원회(the Cotton and Allied Textile Industries of the European Communities, 아래 'Eurocotton'이라 함)는 EC위원회에 인도산 면제침구(綿製寢具)에 대해 반덤핑조사개시를 신청하였다. 이에 EC위원회는 1996년 9월 13일에 반덤핑조사개시를 공고하고 1997년 6월 12일에 잠정판정을 내렸으며 임시 반덤핑관세를 부과하기로 판정하였다. 동 판정에 따라 1997년 6월 14일에 EC위원회는 인도산 면제침구의 수입에 대해 2.6%-24.7%의 최종 반덤핑관세를 부과하기로 판정하였고 패널 및 상소기관의 심리를 거쳐 2001년 3월 12일에 상소기관 보고서가 채택되었다. 동 상소기관 보고서에 의하여 2001년 8월 7일에 EC는 원반덤핑조치에 대해 재검토를 하고 EC위원회는 상소기관 보고서 권고를 이행하는 1644/2001규정을 채택하였다. 그러나 EC는 비록 원판정보다 낮은 덤핑마진이지만 696/2002 규정을 통하여 반덤핑관세를 부과하기로 판정하였다.

동 사건에서의 법적쟁점 중의 하나는 반덤핑협정 제3.4조에 열거된 요소를 전부 검토하여야 하는지 여부의 문제와 재검토에서의 평가의 충분성 여부의 문제였다.

---

122) *supra* note 118, at para 7.1.

2. 당사국 입장

1) 인도의 주장

인도는 국내산업에 대한 덤핑수입의 영향을 분석하기 위하여 제 3.4조에서 언급된 모든 피해요소들을 고려해야 한다고 주장하였다. 왜냐하면 제3.4조는 문맥적으로 분석할 때 동 조항에 열거된 모든 요소들을 반드시 평가해야 한다는 의미를 나타내고 있기 때문이라고 인도는 분석하였다.[123]

또한 인도는 EC의 재판정에 대해 판정을 함에 있어서 제3.4조를 분석하기 위한 정보 수집을 하지 않았고 반덤핑협정 제3.4조에 열거된 요소에 대한 분석이 불충분하다고 주장하였다.[124]

2) EC의 주장

EC는 제3.4조에 열거된 요소들에 대한 분석은 개별적 사건의 상황에 따라 다르기 때문에 반드시 분석되어야 하는 것은 아니라고 주장하였다. EC는 제3.4조에 열거된 요소들은 조사과정 중에 분석되어야 하지만 제3.4조에 열거된 요소는 성격적으로 부정적인 것으로서

---

123) European Communities-Anti-Dumping Duties on Imports of Cotton-Type Bed Linen from India, WT/DS141/R, at paras 6.145-6.146.

124) European Communities-Anti-Dumping Duties on Imports of Cotton-Type Bed Linen from India-Recourse to Article 21.5 of the DSU by India, WT/DS141/RW, at paras 6.145-6.150.

제3.4조를 분석하는 목적은 국내산업이 받은 부정적 영향을 고려하기 위함이고 긍정적 영향을 고려하기 위함이 아니라고 주장하였다. 최종적으로 EC는 매번 조사 시마다 개별 요소에 대한 강제적인 평가는 요구되지 않는다고 주장하였다.[125]

3. 패널 및 상소기관 평결

패널은 EC는 반덤핑협정 제3.4조에 열거된 모든 피해의 요소를 고려하지 않았고 반덤핑협정 제3.4조의 요소를 분석함에 있어서 국내산업의 정보가 아닌 기타 정보에 의거하여 분석하였으므로 반덤핑협정 제3.4조를 위반하였다고 판정하였다.[126]

EC의 재판정에 대한 인도의 제소를 심리한 패널과 상소기관은, EC는 원 판정에서 고려하지 않았던 부분을 추가하였고 원 판정에 대해 재확인하였으므로 반덤핑협정 제3.4조의 각각의 요소에 대한 분석은 충분하다고 판정하였다. 또한 새로운 정보를 수집하지 않았다는 인도의 주장에 대해 패널은 원 판정에서 국내산업의 정보를 토대로 한 반덤핑협정 제3.4조에 열거된 요소에 대한 EC의 분석은 문제되지 않았으며, 문제점은 반드시 고려해야 할 요소를 고려하지 않았을 뿐이라고 분석하였다. 따라서 패널은 인도가 원 패널의 분석을 잘못 이해했다는 이유로 인도의 주장을 기각하였다.[127]

---

125) *supra* note 123, at paras 6.147-6.150.
126) *Ibid*, at para 7.2.
127) *supra* note 124, at paras 6.158-6.216.

Ⅳ. 과테말라-멕시코산 시멘트에 대한 반덤핑관세 부과사례

1. 사실관계

1995년 9월 21일 과테말라의 유일한 시멘트생산자가 과테말라 경제부에 멕시코산 시멘트에 대해 반덤핑조사개시를 신청하였다. 이에 과테말라 경제부는 1996년 1월 11일에 반덤핑조사를 개시한다고 공고하고 멕시코에 반덤핑조사개시 통보를 하였다. 이에 과테말라 경제부는 1996년 1월 26일에 이해당사자들에게 질의서를 송달하고 조사를 개시하였고 1996년 8월 16일에 38.72%의 임시 반덤핑관세를 부과하는 예비판정을 내렸다. 그 이후 과테말라 경제부는 조사 기간을 1996년 05월 31일부터 1996년 10월 14일까지 연장한다고 공고하였고 1997년 1월 17일에 과테말라 경제부는 멕시코산 시멘트에 대해 89.54%의 반덤핑관세를 부과하기로 판정하였다.

동 사건에서의 법적쟁점 중의 하나는 반덤핑협정 제3.4조에 열거된 요소를 전부 고려하였는지 여부의 문제와 이러한 요소들에 대해 충분한 검토를 진행하였는지 여부의 문제였다.

2. 당사국 입장

1) 멕시코의 주장

멕시코는 과테말라가 덤핑수입의 영향에 대하여 잘못된 판정을 하

였다고 지적하면서 과테말라는 국내산업이 경험한 투자회수율의 감
소와 자금조달능력에 대한 부정적 영향 여부에 대해 고려하지 않았
다고 주장하였다. 또한 국내산업에 대한 덤핑수입 영향에 관한 검토
가 충분한지 여부를 분석할 때, 제3.4조에 열거된 요소들의 잠정적
감소를 고려하지 않았고, 조사 기간 이외의 정보와 조사 기간 이내
의 정보 간의 적절한 비교를 하지 않았다고 주장하였다.[128]

2) 과테말라의 주장

과테말라는 그들의 최종판정에서 반덤핑협정 제3.1조와 제3.4조에
따라 국내산업에 대한 덤핑수입의 영향에 관해 명확한 근거에 기초
하여 객관적으로 분석하였다고 주장하면서 최종판정에서 분석된 요
소들을 제시하였다.[129]

3. 패널의 평결

패널은 과테말라가 반덤핑협정 제3.4조에 열거된 조사당국이 반드
시 검토해야 할 모든 요소를 평가하지 않았는데, 특히 투자회수율,
자본조달능력 등 요소가 고려되지 않았으므로 과테말라는 반덤핑협
정 제3.4조를 위반하였다고 판정하였다.[130]

---

128) Guatemala-Definitive Anti-dumping Measures on Grey Portland
Cement from Mexico, WT/DS156/R, at paras 8.278-8.279.
129) *Ibid*, at paras 8.280-8.281.
130) *Ibid*, at paras 8.285-8.286.ws.

V. 미국 - 일본산 熱延鋼板에 대한 반덤핑관세 부과사례

1. 사실관계

1998년 9월 30일 미국의 일부 철강제조기업 및 미국철강노동조합은 미국 ITC에 일본, 러시아, 브라질산 열연강판에 대해 반덤핑조사 개시를 신청하였다. 이에 미국 ITC는 1998년 11월 16일에 실질적 피해우려의 예비판정을 하고 일본에 담보를 제공할 것을 요구하였다. 미국 상무부는 1999년 5월 6일에 최종판정을 내리고 동 판정에 기초하여 반덤핑관세를 부과하기로 결정하였다.

동 사건에서 미국은 조사된 기간 내의 모든 정보를 사용하지 않고 일부 기간 내의 정보만을 사용하여 피해판정 요소를 검토하였고 내제용시장의 정보를 고려하지 않았다. 이것이 주요 법적쟁점으로 되었다.

2. 당사국 입장

1) 일본의 주장

일본은 미국이 1996년부터 1998년까지 3년의 조사 기간 중에서 1997-1998년 2년의 정보에 초점을 두고 있는 데 대해, 비록 동 3년간의 관련정보를 수집하였고 USITC의 보고서에서 언급하였지만 피해판정을 함에 있어서 1996년 정보는 반덤핑협정 제3.4조에 열거된 요소들을 평가하는 데 포함시키지 않았고, 1996년의 국내산업과 1998년의 국내산업의 상황을 비교하지 않았다고 주장하였다.[131]

일본은 국내산업을 상용시장(the merchant market)[132]과 내제용 시장(the captive segment of the market)[133]으로 분류하여 일정한 조건을 만족시키면 피해에 관한 검토는 인위적으로 전자에 초점을 두어야 한다고 규정한 미국법(1930년 관세법 771(7)(c)(iv)조)은 제 3.1, 3.2, 3.4, 3.5, 3.6, 4.1조를 위반한다고 주장하였다.[134]

2) 미국의 주장

미국은 1996년부터 1998년의 정보에 대해 객관적으로 검토하였고 피해판정을 함에 있어서 1996년 정보를 평가하지 않은 이유에 대해 1996년의 경제적 배경은 그 이후 2년과 비교할 때 아주 큰 변화가 있었고 또한 미국 ITC가 분석한 1997년과 1998년의 정보는 최근의 정보이며 더욱이 덤핑이 발생된 단계이기도 하다고 주장하였다.[135]

---

131) United States-Anti-Dumping Measures on Certain Hot-Rolled Steel Products from Japan, WT/DS184/R, at para 7.216.

132) The merchant market is defined as products produced and sold in the open market.

133) the captive segment of the market, which refers to internal transfers of the product that generally do not enter the open market because the product is used by an integrated producer to manufacture a downstream product.

134) United States-Anti-Dumping Measures on Certain Hot-Rolled Steel Products from Japan, WT/DS184/AB/R, at para 182.

135) *supra* note 131, at para 7.221.

3. 패널 및 상소기관의 평결

패널은 미국은 3년간의 정보를 고려하였고 최종판정에서 제3.4조에 열거된 모든 경제적 요소와 지표를 검토하였다고 분석하였다. 또한 패널은 관련 정보를 고려할 때는 반드시 정적인 것이 아닌 동적으로 고려해야 하는데 미국은 97년과 98년의 정보를 중점으로 고려하였기 때문에 96년도 정보를 언급하지 않은 것은 공정성과 객관성에 영향이 없다고 분석하였다.[136] 또한 패널은 미국 관세법의 규정은 상용시장에 중점을 두는 것이지 상용시장의 정보만 고려한다는 것을 암시하지 않는다고 주장하였다. 이러한 이유로 패널은 미국의 피해판정과 미국관세법 관련 규정은 반덤핑협정 제3.4조의 규정을 위반하지 않는다고 판정하였다.[137]

상소기관은 반덤핑협정 제3.4조의 적용에 관하여 조사기관은 반드시 선택성이 없이 동일한 방식과 요구에 근거하여 국내시장의 모든 부분을 고려하여야 하고 만약 동일하지 않게 적용했다면 그 이유를 설명하여야 한다고 지적하였다. 그러나 상소기관은 미국의 최종판정에는 상용시장과 내제용시장의 적당한 비교가 없고 다만 상용시장의 영향만 고려하였다고 지적하였다. 이런 이유로 상소기관은 미국이 반덤핑협정 제3.1조와 제3.4조를 위반하였다고 판정하였다.[138]

---

136) *Ibid*, at paras 7.226-7.236.
137) *supra* note 134, at paras 183-187.
138) *Ibid*, at paras 191-215.

Ⅵ. 이집트-터키산 鐵筋에 대한 반덤핑관세 부과사례

1. 사실관계

1998년 12월 23일과 26일 이집트 Ezz Steel Company, Alexandoria National Iron and Steel Company는 각각 이집트 국제무역정책부 (ITPD) 및 이집트 조사기관에 반덤핑조사개시를 신청하였다. 이에 이집트 정부는 1999년 2월 6일에 반덤핑조사개시를 공고하였다. 조사를 거쳐 이집트 정부는 1999년 10월 21일에 터키산 철근(鐵筋)에 대해 22.63%~61%의 반덤핑관세를 부과하기로 판정하였다.

동 사건에서의 법적쟁점 중의 하나는 반덤핑협정 제3.4조에 열거된 요소들을 모두 고려하였는지 여부의 문제와 반덤핑협정 제3.4조에 열거된 요소 이외의 요소를 고려할 필요가 있는지 여부의 문제였다.

2. 당사국 입장

1) 터키의 주장

터키는 이집트가 생산성, 자금순환, 고용, 임금, 성장, 자금조달 및 투자능력 등 요소를 검토하지 않았고 기본적 사실 및 결론보고서와 최종보고서의 공개문서에는 설비가동률 또는 투자회수율의 충분한 평가 또는 검토를 했다는 증거가 없으며 또한 반덤핑협정 제3.4조에 열거되지는 않았지만 국내산업에 관련된 모든 경제적 요소를 고려하지 않아 반덤핑협정 제3.4조를 위반하였다고 주장하였다.[139]

2) 이집트의 주장

이집트는 조사당국의 조사기록은 제3.4조에 열거된 모든 요소를 이미 고려했다는 것을 명확히 보여주고 있으며, 다만 두 개 보고서에서 사용한 용어가 반덤핑협정에서 사용하는 용어와 다를 뿐이라고 주장하였다.140)

3. 패널의 평결

패널은 피해의 판정을 할 때, 터키는 이집트 조사당국이 터키가 주장한 요소를 반드시 검토해야 하고 또한 터키가 제출한 방식대로 가격 하락요소를 검토해야 한다는 것을 증명하지 못하였기에 이집트가 반덤핑협정 제3.4조를 위반하지 않았다고 판정하였다. 또한 패널은 이집트는 반덤핑협정 제3.4조에 열거된 모든 요소를 전반적으로 검토는 하였지만 의미 있는 분석 및 평가를 하지 않았기 때문에 반덤핑협정 제3.4조를 위반하였다고 판정하였다.141)

---

139) Egypt-Definitive Anti-Dumping Measures on Steel Rebar from Turkey, WT/DS211/R, at para 7.33.

140) *Ibid*, at para 7.34.

141) *Ibid*, at paras 8.1-8.2.

Ⅶ. EC - 브라질산 可鍛鑄鐵管繼手에 대한 반덤핑관세 부과사례

1. 사실관계

1999년 4월 EC의 the Defence Committee of Malleable Cast Iron Fittings Industry of the European Union은 반덤핑조사개시를 신청하였다. 이에 EC는 1999년 5월 29일에 조사개시를 공고하고 덤핑 및 피해의 조사 기간을 1998년 04월 01일~1999년 03월 31일로 정하고 피해판정에 관한 조사대상 기간을 1995년 01월 01일~1999년 03월 31일로 정했다. 2000년 2월 28일에 EC는 잠정 반덤핑조치를 부과하였고 2000년 8월 11일에 브라질에 대해 34.8%의 최종 반덤핑관세를 부과한다고 판정하였다.

동 사건에서의 법적쟁점 중의 하나는 반덤핑협정 제3.4조에 열거된 요소를 모두 고려하였는지 여부의 문제와 요소의 묵시적 평가(implicitly address)를 인정하는지 여부의 문제였다.

2. 당사국 입장

1) 브라질의 주장

브라질은 EC가 제3.4조에 열거된 모든 요소를 평가하지 않았고 일부 요소들에 대한 평가는 명확한 피해판정을 하기에는 불충분하며

86

일부 요소들에 대해서는 분석을 하지 않았다고 주장하였다. 브라질
은 EC의 가격반응(sensitivity), 이윤율, 투자와 재고에 관련된 분석
과 결론에 동의하지 않았고 EC는 어떤 피해요소가 다른 피해요소보
다 중요한지 여부와 어떻게 중요한지에 대해 설득력이 있는 해석을
제공하지 않았다고 주장하였다.[142]

2) EC의 주장

EC는 브라질에 의해 주장된 '성장'에 대한 검토는 기타 요소들 중
에 함축되었고 브라질에 의해 제기된 제3.4조에 열거되지 않은 기타
요소들은 제3.4조와 제3.5조의 구별을 흐리게 하고 제3.4조와 관련이
없는 것이라고 주장하였다. 그리고 EC는 그들의 피해판정은 명확한
증거에 의한 객관적 검토에 따라 진행된 것이고 제3.4조와 제3.1조의
요구를 만족한다고 주장하였다.[143]

3. 패널 및 상소기관의 평결

패널은 EC의 피해판정 보고서를 검토한 결과 EC는 반덤핑협정
제3.4조에 열거된 요소를 적절하게 검토 및 평가하였고 브라질이
제기한 '성장'에 관한 요소도 기타 요소들을 분석하면서 묵시적
(implicitly)으로 검토되었다고 판정하였다. 또한 패널은 브라질이 제

---

142) European Communities-Anti-Dumping Duties on Malleable Cast Iron
    Tube or Pipe Fittings from Brazil, WT/DS219/R, at para 7.298.
143) *Ibid*, at para 7.299.

기한 제3.4조에 열거되지 않은 관련 요소들은 제3.4조의 규정과 부합되지 않으므로 검토할 필요가 없다고 평결하였다.[144] 상소기관은 패널의 평결을 지지하였다.

Ⅷ. 아르헨티나 – 브라질산 鷄肉에 대한 반덤핑관세 부과사례

1. 사실관계

1997년 9월 2일 CEPA(Centro de Empresas Procesadoras Avcolas)는 SSCE(Under-Secretariat for Foreign Trade)에 반덤핑조사개시를 신청하였다. 1997년 9월 23일에 CNCE(National Foreign Trade Commission)는 국내산업에 대한 의견서를 제출하였고 1997년 11월 21일에 SSCE는 [그 후 SSICM(Under-Secretariat for Industry, Trade and Mining)로 변경] 조사개시 신청을 접수하였다. 그 이후 1998년 1월 7일에 APCDS [Department of Unfair Trading Practices and Safeguards, 그 후의 DCD(Directorate of Unfair Competition)]과 CNCE는 덤핑에 관하여 조사개시를 할 충분한 증거가 있다고 인정하였고 1998년 2월 17일에 CEPA는 새로운 정보를 SSICM에 제출하였다. 1999년 1월 20일에 SSCE의 장관은 조사개시를 결정하고 1999년 1월 25일에 조사개시를 공고하였다. 조사를 거쳐 1999년 6월 28일과 1999년 8월 6일에 CNCE와 DCD는 각각 덤핑 예비판정을

---

144) *Ibid*, at paras 7.302-345.

하였고 1999년 12월 23일과 2000년 7월 17일에 CNCE와 DCD는 각각 피해 최종판정을 하였다. 이에 따라 2000년 7월 21일에 ME (Ministry of Economics)는 3년간의 덤핑조치를 부과하기로 판정하였다. 2000년 8월 30일에 브라질은 MERCOSUR Protocol of Brasilia에서의 절차를 신청하였고 2001년 5월 21일에는 MERCOSUR Protocol of Brasilia에 기초한 중재판정을 하였다.

동 사건에서의 법적쟁점 중의 하나는 서로 다른 기간 내의 정보를 이용하여 피해판정 요소를 검토할 수 있는지 여부의 문제와 비덤핑수입의 영향을 제거할 수 있는지 여부의 문제였다.

2. 당사국 입장

1) 브라질의 주장

브라질은 아르헨티나 조사당국이 피해판정 요소를 분석함에 있어서 서로 다른 기간의 정보를 이용하여 분석하였고 반덤핑협정 제3.4조에 열거된 모든 요소를 고려하지 않았으며 비덤핑수입의 영향을 배제하지 않았기에 반덤핑협정 제3.1조, 제3.4조와 제3.5조를 위반하였다고 주장하였다.[145]

2) 아르헨티나의 주장

아르헨티나는 서로 다른 기간의 정보를 이용한 것은 피해우려의

---

[145] Argentina-Definitive Anti-Dumping Duties on Poultry from Brazil, WT/DS241/R, at paras 7.278-7.281.

조사는 최근의 정보를 검토할 것이 요구되었기 때문이라고 주장하였다. 그리고 당사국 간의 1998년 10월과 1999년 3월간의 자발적 협정의 존재는 반드시 협정에 의해 발생된 영향이 없는 수입의 분석이 필요하기 때문에 분석이 1999년 6월까지 확장되었다고 주장하였다. 또한 아르헨티나는 반덤핑협정 제3.4조에 열거된 모든 요소를 평가하였다고 주장하였다.146)

3. 패널의 평결

패널은 아르헨티나가 1999년 정보의 사용에 대해 설득력 있는 해석을 제공하지 못하였고 패널이 검토한 결과 반덤핑협정 제3.4조에 열거된 요소를 충분히 검토하고 평가하지 않았으며 비덤핑수입의 영향이 배제되지 않았기 때문에 반덤핑협정 제3.4조를 위반하였다고 판정하였다.147)

IX. 미국-아르헨티나산 油井管에 대한 반덤핑조치 일몰재심 사례

1. 사실관계

2000년 7월 3일 미국 상무부는 일몰재심을 위한 조사를 개시하였다. 이에 따라 2000년 11월 7일에 미국 상무부는 최종판정에서 반덤

---

146) *Ibid*. at paras 7.279-7.280.
147) *Ibid*. at paras 7.315-7.324.

핑조치를 철회하면 1.36%의 수준으로 덤핑은 계속 발생할 것이라고 판정하였다. 따라서 2001년 6월에 미국 ITC는 최종피해판정에서 실질적 피해가 계속 반복될 것이라고 판정을 하고 이를 기초로 2001년 7월 25일 미국 상무부는 반덤핑관세 계속 부과판정을 공고하였다.

동 사건에서의 법적쟁점의 하나는 일몰재심 절차 중 반덤핑협정 제3조 나아가서 제3.4조가 적용되는지 여부의 문제였다.

2. 당사국 입장

1) 아르헨티나의 주장

아르헨티나는 미국이 일몰재심에서 제3.4조에 열거된 15개 피해요소 중 일부 요소에 대해 잘못 검토하여 반덤핑협정 제3.4조를 위반하였다고 주장하였다.[148]

2) 미국의 주장

미국은 일몰재심 과정 중에 반덤핑협정 제3조의 규정이 전체적으로 적용되지 않는다고 주장하였다. 그럼에도 불구하고 미국은 아르헨티나가 주장하는 미국 ITC의 피해판정이 반덤핑협정 제3.4조를 위반하였다는 것은 근거가 없다고 지적하면서 이는 미국의 판정이 동 규정과 일치하다는 것을 증명하였기 때문이라고 주장하였다.[149]

---

148) United States-Sunset Reviews Of Anti-dumping Measures On Oil Country Tubular Goods From Argentina, WT/DS268/R, at para 7.313.

3. 패널 및 상소기관 평결

패널은 일몰재심에서 반덤핑협정 제3.4조의 규정은 반드시 적용되는 것이 아니라 조사당국이 일몰재심에서 피해판정을 하거나 과거의 피해판정을 이용할 경우에만 적용된다고 분석하였다. 이에 의하여 패널은 미국은 반덤핑협정 제3.4조를 위반하지 않았다고 판정하였다.[150] 상소기관은 패널의 반덤핑협정 제3조가 반드시 일몰재심에 적용되지 않는다는 판정을 지지하였다.

X. 미국-캐나다산 침엽수 板材에 관한 반덤핑관세 부과사례

1. 사실관계

2001년 4월 2일 미국 침엽수 板材 산업은 미국 ITC에 캐나다산 침엽수 板材에 대해 반덤핑조사개시를 신청하였다. 이에 미국 ITC는 2002년 5월 16일에 피해우려의 최종판정을 내리고 2002년 5월 22일에 미국 상무부는 반덤핑관세 부과 명령을 내렸다.

동 사건에서의 법적쟁점 중의 하나는 피해우려를 판정할 때 반덤핑협정 제3.4조에 열거된 요소를 전부 고려하여야 하는지 여부의 문제였다.

---

149) *Ibid*, at para 7.314.
150) *Ibid*, at paras 7.270-7.276, 7.317.

2. 당사국 입장

1) 캐나다의 주장

캐나다는 피해우려를 판정함에 있어서 반덤핑협정 제3.7조의 요소를 고려하여야 할 뿐만 아니라 반덤핑협정 제3.4조에 열거된 모든 요소를 반드시 고려해야 한다고 주장하였다. 또한 캐나다는 미국은 과거와 현재의 상황은 분석하였지만 미래에 대한 영향은 분석하지 않았기에 이것은 의미 있는 분석이라고 할 수 없다고 주장하였다.[151]

2) 미국의 주장

미국은 반덤핑협정 제3.4조에 열거된 모든 요소를 검토, 분석하였고 과거와 현재의 사실에 대한 분석은 미래에 국내산업에 실질적 피해가 발생할 수 있는지 여부의 예측에 사실적 근거를 제공한다고 주장하였다. 따라서 캐나다가 제기한 침엽수 板材 수출이 현재에 미국의 국내산업에 부정적 영향을 미치지 않았기 때문에 미래에 실질적 피해우려가 있을 수 없다는 전제는 틀린 것이라고 주장하였다.[152]

3. 패널의 평결

패널은 ITC 최종판정에서 미국은 현재에 실질적 피해가 존재하지

---

151) United States-Investigation of the International Trade Commission in Softwood Lumber from Canada, WT/DS277/R, at paras 4.47-4.50.
152) *Ibid*, at paras 4.103-4.107.

않는다는 문맥을 통하여 이미 반덤핑협정 제3.4조에 열거된 모든 요소를 고려하였고 동 분석에 근거하여 피해우려의 요소를 검토하였다고 분석하였다. 따라서 패널은 미국이 비록 피해의 우려를 검토할 때 반덤핑협정 제3.4조의 모든 요소를 검토하지 않았지만 피해우려를 검토할 때 다시 반덤핑협정 제3.4조에 열거된 요소를 검토할 필요는 없고 필요한 몇 개의 요소만의 분석으로 충분하다고 판정하였다.[153]

제2절 피해판정 관련 법적쟁점에 대한 분석 및 평가

국내산업에 대한 덤핑수입의 영향의 검토를 규정하고 있는 반덤핑협정 제3.4조에 관련된 10개의 WTO 분쟁사례에 대한 분석을 통하여 반덤핑협정 제3.4조에 관련하여 다음과 같이 9개 방면의 법적쟁점을 도출하였다.

① 반덤핑협정 제3.4조에 의해 부과되는 의무의 성격과 범위

② 반덤핑협정 제3.4조에 열거된 요소의 평가

③ 반덤핑협정 제3.4조에 열거된 요소를 검토함에 있어서 근거하는 정보의 범위

④ 피해판정 요소 검토 시 동일한 기간의 정보의 적용에 관하여

⑤ 피해판정에서 비덤핑수입 영향의 제외

⑥ 반덤핑협정 제3.4조에 열거된 요소의 묵시적 평가(implicitly address)의 인정

---

153) *Ibid,* at paras 7.104-7.111.

⑦ 반덤핑협정 제3.4조에 열거되지 않은 관련 요소의 검토
⑧ 피해우려의 판정 시 반덤핑협정 제3.4조의 고려 여부
⑨ 일몰재심에서 반덤핑협정 제3.4조의 적용 여부

반덤핑협정 제3.4조를 적용함에 있어서 위에서 열거된 것 이외에도 기타 문제점이 존재할 것이다. 여기에 열거된 문제점들은 WTO가 출범한 이래로 WTO 분쟁해결기구에서 논의되었던 문제들이다. 아래에서 이러한 문제점을 둘러싸고 패널과 상소기관의 분석에 근거하여 간단한 평가를 하고자 한다.

Ⅰ. 반덤핑협정 제3.4조에 의해 부과되는 의무의 성격(nature)과 범위(scope)

1. 패널 및 상소기관 평결의 분석

동 규정은 국내산업에 대한 영향을 분석할 때 고려하여야 할 15개 요소를 열거하고 있다. 그렇다면 동 15개 요소는 WTO회원국들이 반드시 고려하여야 할 요소인지, 즉 동 요소들이 회원국에게 강제성이 있는 것들인지 아니면 회원국들이 필요에 따라 고려할 수 있는 것인지의 문제가 발생하게 된다. 또한 동 규정을 보면 3개의 semi-colons가 있는데 동 규정이 4개의 그룹으로 구성되었는지 아니면 15개 요소들이 모두 독립적인 요소들인지의 문제도 역시 제기되고 있다.

1) 반덤핑협정 제3.4조에 열거된 요소들의 성격

동 규정에 열거된 요소들이 강제성이 있는지 아니면 예시적인지의 문제는 대립된 입장을 가지고 있는 WTO회원국들 사이에서 많은 논란이 있었다. 태국－폴란드산 H型鋼에 대한 반덤핑관세 부과사례(이하 '태국 H형강 사건'이라 함)에서 동 요소들에 대해서 태국은 예시적이라고 주장하고, 폴란드는 강제성이 있으므로 반드시 고려되어야한다고 주장하였다. 동 사건에서 제3국인 EC는 태국의 주장을 지지하였고 미국과 일본은 폴란드의 주장을 지지하였다.

동 사례에서 패널은 반덤핑협정 제3.4조의 국내산업에 대한 영향의 검토를 위한 요소들은 반드시 WTO회원국들에 의해 검토되어야한다, 즉 동 요소들은 강제성을 가진다고 판단하였다. 이에 동 패널은 다음과 같은 세 가지 이유로서 설명하였다.154)

우선 반덤핑협정 제3.4조의 문맥에서 '반드시 포함'(shall include)이라는 용어를 볼 수 있는데 동 용어는 법적용어로서 강제성을 가진다.

다음으로 패널은 우루과이라운드 규범협상에서 도쿄라운드 때 협상된 반덤핑규약에 규정된 예시적인 '예를 들면'(such as)라는 용어를 '포함'(including)이라는 용어로 바꾼 것은 우루과이라운드에서 협상국들이 반덤핑협정 제3.4조에 열거된 요소들에 강제성을 부여하기위해 고안해 낸 것임을 알 수 있다고 분석하였다. 따라서 조사당국은 반덤핑조사개시 시 반드시 제3.4조에 열거된 각각의 요소를 고려해야 한다.

---

154) *supra* note 114, at para 7.225.

마지막으로 패널은 반덤핑 제3.4조의 두 번째 구절은 일부 사건에서 위에 열거된 요소를 고려해야 할 뿐만 아니라 열거된 요소 이외의 기타 요소를 고려해야 한다는 것을 나타낸다고 분석하였다.

위와 같은 패널의 분석과 평결에 불복하여 태국은 '강제성' 문제에 관하여 WTO 분쟁해결기관에 상소하였다. 동 상소절차에서 미국과 일본은 패널의 분석이 정확하다고 주장하면서 실질적 피해의 조사를 위해 명확한 증거에 기초한 객관적 검토의 근거를 확립하고 조사당국이 피해와 피해의 우려를 판정함에 있어서 관련 경제적 요소를 독단적으로 검토하는 것을 예방하기 위한 중요한 규정으로서 강제성은 필수적인 것이라고 주장하였다. 또한 일본은 이전의 세이프가드 사건에서 세이프가드협정과 반덤핑협정의 비슷한 규정에 대해 동일한 해석을 한 적이 있었고 반덤핑협정 제3.4조의 통상적인 의미는 논란의 여지가 없다고 주장하였다.[155]

상소기관은 태국의 주장에 관하여 패널의 전체적인 분석과 패널의 반덤핑협정 제3.4조에 열거된 요소가 '강제적' 성격을 가진다는 분석에 동의하고 태국의 반덤핑협정 제3.4조의 해석은 허용되는(permissible) 것이라는 주장을 기각하였다.[156]

반덤핑협정 제3.4조에 열거된 요소들에 대해 조사당국은 반드시 개별 요소를 모두 검토해야 한다는 '강제성'에 관하여 EC-인도산 綿製寢具에 대한 반덤핑관세 부과사례(이하 'EC-면제침구 사건'이라 함)에서도 언급되었다. 동 사건에서 EC는 반덤핑협정 제3.4조에

---

155) Thailand-Anti-Dumping Duties on Angles, Shapes and Sections of Iron or Non-Alloy Steel and H-Beams from Poland, WT/DS122/AB/R, at paras 48-49, 61.

156) *Ibid*, at paras 121-128.

열거된 요소들에 대한 분석은 개별적 사건의 상황에 따라 다르기 때문에 반드시 분석되어야 하는 것은 아니며 동 요소들의 목적은 국내산업에 대한 부정적 영향을 분석하는 것이라고 주장하면서 강제적인 평가는 요구되지 않는다고 주장하였다. 동 사건의 제3국인 일본과 미국은 EC의 주장에 반대하였고, 일본은 도쿄라운드에서의 반덤핑협정의 규정상 'such as'가 'including'으로 개정된 것은 '강제성'을 설명한다고 주장하기도 하였다.157)

이러한 당사국들의 입장 대립 속에서 패널은 반덤핑협정 제3.4조에 열거된 모든 요소는 반드시 검토되어야 하고 검토된 모든 요소들은 반드시 최종판정에 반영되어야 한다고 분석하였다. 만약 피해판정 시 어떤 요소가 동 사건과 관련성이 없거나 중요하지 않다고 조사당국에 의해 판정되었을 경우 조사당국은 최종판정에서 반드시 그러한 요소들의 관련성 또는 중요성 결여에 관한 이유를 설득력 있게 분석해야 하며158) 또한 최종판정에서 최저한 Checklist 방식으로 나타난 검토는 조사당국이 모든 요소들을 검토하였다는 신뢰를 제고해 줄 수 있는 것이라고 지적하였다.

반덤핑협정 제3.4조에 열거된 요소의 '강제성'은 과테말라-멕시코산 시멘트에 대한 반덤핑관세 부과사례(이하 '과테말라 시멘트 사건'이라 함)에서 다시 한번 강조되었다.

동 사건에서 패널은 반덤핑협정 제3.4조에 열거된 모든 관련 경제적 요소 및 지침들은 반드시 검토되어야 하고, 동 요소들이 국내산업의 피해를 판정함에 있어서 관련성이 있는지 여부에 관련하여 조

---

157) *supra* note 123, at paras 6.145-6.152.
158) *Ibid*, at paras 6.161-6.163.

사당국은 자의적으로 관련성이 없다고 판정하여 그러한 요소를 제거할 수는 없으며 모든 요소들을 검토하여 최종판정에서 반영시킴으로써 그들 사이에 관련성이 없다는 것을 입증할 수 있는 증거로서 증명하여야 한다고 분석하였다.[159]

2) 반덤핑협정 제3.4조에 열거된 요소들의 범위

위의 분석과 같이 반덤핑협정 제3.4조에 열거된 요소들이 강제적으로 검토되어야 한다면 반드시 검토되어야 할 요소는 단지 semi-colons에 의해 나누어진 4개 그룹인지 아니면 열거된 요소들이 모두 개별적인 요소들인지의 문제가 있다. 이러한 구별은 아주 중요하다. 만약 반드시 검토되어야 할 요소가 4개 그룹뿐이라면 조사당국은 최저한도로 각각의 그룹에서 한 개의 요소만 검토하면 동 규정의 목적과 일치하게 되지만, 만약 15개 요소가 모두 개별적인 요소라면 조사당국은 반드시 각각의 요소를 하나하나 검토하여야 할 의무가 있다.

태국-H형강 사건에서 당사국인 폴란드는 반덤핑협정 제3.4조에 열거된 각각의 요소들을 개별적인 것이라고 하면서 동 조항에 소그룹(subgroup)이 존재하지 않는다고 주장하였다. 태국은 반덤핑협정 제3.4조는 semi-colons에 의해 4개의 기본그룹으로 나뉘어져 있기 때문에 개별 그룹에서 적어도 하나의 지표만 고려하면 동 조항의 의무를 충족시킬 수 있으며 동 지표들의 분석방법에 대해 조사당국은 광범위한 자유 재량권을 가진다고 주장하였다.[160]

---

159) *supra* note 128, at para 8.283.
160) *supra* note 114, at paras 7.227-7.228.

동 사건에서 패널은 반덤핑협정 제3.4조는 열거된 모든 요소들은 반드시 모든 사건에서 고려되어야 한다는 것을 아주 명확하게 서술하고 있다고 분석하였다. 즉 반덤핑협정 제3.4조의 서술을 분석해 볼 때, 문맥적으로 어떠한 그룹도 존재하지 않으며 제3.4조에 열거된 15개 요소는 모두 개별적인 요소로서 조사당국에 의해 강제적으로 평가되어야 할 개별적 요소라고 분석하였다. 그리고 멕시코－미국산 고과당옥수수시럽에 대한 반덤핑관세 부과사례(이하 '멕시코－HFCS 사건'이라 함)에서 제3.4조에 열거된 요소는 반드시 분석해야 하는 강제적 성격이 있다는 평결을 내렸다고 예를 들어 설명하였다.[161]

2. 평 가

동 문제에 관련하여 태국 H형강 사건으로부터 시작하여 기타 반덤핑 사례에서 계속 언급되었다. 특히 동 사건과 과테말라－시멘트 사건에서 상세하게 설명되고 있다. 태국 H형강 사건에서는 태국이 동 문제에 관련하여 상소기관에 제소하기도 하였는데, 사실 동 문제는 반덤핑협정 제3.4조를 적용함에 있어서 다른 문제점들에 어느 정도 영향을 미치기 때문에 핵심이라고 할 수 있다.

위에서 설명한 것처럼 태국 H형강 사건과 과테말라－시멘트 사건에서 패널은 반덤핑협정에 제3.4조에 열거된 모든 요소들은 '강제성'을 가진다고 판정하였고 패널은 동 조항에 열거된 요소들은 4개 그룹으로 형성된 것이 아니라 15개 개별적 요소들로 구성되어 각각의 요소는 반드시 검토되어야 한다고 판정하였다. 이러한 판정은 조사

---

161) *Ibid*, at paras 7.229-7.232.

당국이 반덤핑조치를 취할 때 더 객관적인 판정을 하도록 촉구할 것이고 어느 정도 조사당국의 자유 재량권을 제한함으로써 부적절한 반덤핑조치를 감소시킬 수 있을 것이다.

Ⅱ. 반덤핑협정 제3.4조에 열거된 모든 요소의 평가

1. 패널 및 상소기관 평결의 분석

반덤핑협정 제3.4조에 열거된 모든 요소를 어떤 방식으로 어느 정도 평가하고 동 평가가 패널 또는 당사국이 입수할 수 있는 공개문서에 반영되어야 하는지가 논의되었다. 동 문제는 패널이 피해판정을 하는 데 기초적인 문서적 자료를 제공함으로써 아주 중요한 문제가 된다.

1) 평가방법

태국 –H형강 사건에서 폴란드는 조사당국의 최종판정에서 반덤핑협정 제3.4조에 열거된 모든 요소의 의미 있는 평가가 있어야 하고, 만약 의미 있는 평가가 없을 경우 평가하지 않은 요소들이 동 사건과의 관련성 및 중요성의 결여에 대한 해석을 부여할 의무가 있다고 주장하였다.[162]

동 사건에서 패널은 다음과 같이 평가의 정도와 공개문서에서의

---

162) *Ibid,* at paras 7.234-7.235.

반영 여부에 관련하여 해석하였다.[163]

　패널은 반덤핑협정 제3.4조에서 요구하는 모든 관련 요소의 분석은 반드시 최종판정과 기타 관련문서에 반영되어야 한다고 분석하였다. 패널은 제3.4조의 "모든 관련 요소들의 평가는 반드시 제3.1조의 피해의 존재를 판정하는 '명확한 증거'와 '객관적 검토'의 규정에 의해 부과되는 중요한 요구와 연결시켜 살펴보아야 한다고 분석하면서, 제3.4조에 열거된 15개 요소를 검토할 때 단순하게 기계적인 수치를 열거하는 '대조표 방법'(Checklist Approach)이 아니라 구체적 사실에 근거하여 피해판정과 국내산업의 상황에 대해 의미 있고 이치에 맞는 분석을 하여야 한다"고 지적하였다. 또한 이러한 분석은 단순히 각각의 개별적 요소들이 피해와 관련이 있는지 없는지를 찾기 위한 것이 아니라 국내산업 상황에 대한 철저한 분석에 근거하여야 하고, 제3.4조의 마지막 구절도 포함하여 피해판정을 하게 된 관련 요소의 분석을 어떻게 하였는지에 관한 설득력이 있는 해석이 포함되어야 한다고 분석하였다. 또한 위의 이러한 분석에 근거한 강제적 성격을 가진 요소들의 평가는 반드시 패널심사의 기초를 이루는 문서에서 나타나야 한다고 분석하였다.

2) 평가의 충분성 및 타당성

　조사당국은 반덤핑협정 제3.4조에 열거된 모든 요소를 고려하여야 하고 관련 사건과 관련성이 없거나 중요하지 않다고 하여 일부 요소를 무시해서는 아니 되며 반드시 모든 요소에 대해 충분히 분석하여

---

163) *Ibid*, at paras 7.233-7.237.

야 한다.

태국-H형강 사건에서 당사국인 폴란드는, 태국이 일부 관련 요소를 검토하지 않았고 또한 검토한 요소들의 국내지표들은 상승세를 보이고 있기 때문에 피해가 존재하지 않는다고 주장하였다. 이에 대해 패널은 비록 국내지표들이 상승세를 보이더라도, 이것이 꼭 피해가 존재하지 않는다는 증거로 될 수 없다고 분석하면서 중요한 것은 이러한 상승세의 경향이 나타남에도 불구하고 무엇 때문에 실질적 피해를 받고 있는지 조사당국은 반드시 그 원인을 충분히 설명할 수 있는지가 중요한 점이라고 분석하였다.

패널은 태국이 제출한 자료에 근거하여 검토한 결과 일부 요소는 특히 '생산력'이라는 요소는 태국이 '규모의 경제'(economy of scale)라는 용어로 대신하였음을 확인함으로써 생산력은 검토하였다고 분석하였다. 그리고 덤핑의 규모, 임금, 자금조달 및 투자능력의 실질적 또는 잠재적 감소의 영향은 태국이 제시한 자료에서 나타나지 않았기 때문에 검토하지 않았다고 분석하였다. 그러나 상소기관에서는 태국정부의 기밀문서에서 상기 요소는 고려되었지만 충분한 분석이 없다는 이유로 반덤핑협정 제3.4조를 위반하였다고 분석하였고 패널의 피해판정 근거를 변경시켰다. 그리고 패널은 태국이 검토한 요소에 대한 분석의 충분성에 대해 검토하였는데 태국은 비록 피해판정을 할 때 관련 요소에 대한 분석은 하였지만 분석의 이유가 충분하지 않고 설득력이 없었다고 평결하였다.[164]

분쟁해결양해(DSU) 제21.5조에 근거하여 미국에 의해 제소된 멕시코-HFCS 사건(21.5)에서 패널은 멕시코의 재판정은 원 판정에서

---

164) *Ibid*, at paras 7.238-7.244.

원 패널이 권고한 사항에 관하여 반덤핑협정 제3.4조에 열거된 요소들에 대한 정보를 추가시켰지만 새로운 정보는 단순히 사실에 관한 서술에 불과하였다고 밝혔다. 또한 패널은 동 사실에 근거하여 멕시코는 향후의 국내산업에 대한 부정적 영향을 추정하였지만 동 추정에 대한 증거가 부족하고 충분한 분석도 제공하지 않았다고 분석하였다. 따라서 패널은 반덤핑협정 제3.4조에 열거된 요소에 관한 정보는 제공하였지만 충분하고 의미 있는 분석이 결여되었기에 반덤핑협정과 일치하지 않다고 평결하였다.[165] 동 사건의 상소기관은 패널의 분석과 판정을 지지하였다.

평가의 '충분성'에 관하여 DSU 제21.5조에 근거하여 인도에 의해 제소된 EC-면제침구(21.5) 사건에서도 언급하였다. 동 사건에서 당사국들은 반덤핑협정 제3.4조에 열거된 모든 요소는 반드시 검토되어야 한다는 입장은 동일하지만 동 요소들의 평가의 충분성에 관하여 입장 차이를 보였다.

동 사건에서 패널은 '평가'(evaluation)는 조사당국의 실제적 판정에서 요구되는 분석과 판단의 과정이므로 단순한 Checklist가 아니라고 주장하였다. 그러나 패널은 반덤핑협정 제3.4조에 열거된 요소의 평가는 단순히 관련성 및 중요성 여부의 성격에 한정되지 않지만 조사당국은 매번 개별적 조사에서 개별 요소의 관련성과 중요성 및 그 역할에 대해 분석은 진행하여야 한다고 해석하였다.[166] 즉 조사당국은 어떤 요소가 피해판정을 함에 있어서 관련성 및 중요성이 결여된다고 결정하였을 경우, 단순히 그러한 요소들을 무시할 것이 아니라

---

165) *supra* note 118, at paras 6.27-6.37.
166) *supra* note 124, at para 6.162.

반드시 조사당국의 최종판정에서 관련성 및 중요성 결여의 이유에 대하여 해석하여야 하고 최종적으로 문서에 반영되어야 한다는 것이다. 다시 말하면 반덤핑협정 제3.4조에 열거된 요소에 대한 관련성 및 중요성 여부에 관한 침묵은 제3.4조의 요구를 만족시킬 수 없다(Silence on the relevance or irrelevance of a given factor will not suffice)[167]는 것이다.

평가의 '충분성'에 관련하여 이집트-터키산 鐵筋에 대한 반덤핑관세 부과사례(이하 '이집트 鐵筋 사건'이라 함)에서 다시 한번 강조되었다. 동 사건에서 패널은 이집트 조사당국이 반덤핑협정 제3.4조에 열거된 모든 요소를 검토하였음을 확인하였다. 그러나 이집트 조사당국의 '기밀피해분석'이라는 보고서에는 정보에 관련된 도표만 있을 뿐 동 도표에 대한 해석적 서술이 없었다. 이에 동 사건의 패널은 태국 H형강 사건에서의 패널의 분석을 인용하여 도표만으로는 반덤핑협정 제3.4조에 규정된 평가의 요구를 만족시킬 수 없다고 분석하였다.[168]

평가의 '충분성'에 관련하여 EC-브라질산 可鍛鑄鐵管繼手에 관한 반덤핑관세 부과사례(이하 'EC-Pipe Fittings 사건'이라 함)에서도 언급되었는데 동 사건에서의 패널은 EC-면제침구 사건에서의 패널의 분석을 그대로 인용하여 반덤핑협정 제3.4조의 요소들의 평가는 반드시 충분한 분석이 포함되어야 한다는 것을 증명하였다.

---

167) *Ibid*, at para 6.162.
168) *supra* note 139, at paras 7.36-7.53.

2. 평 가

동 문제에 관련하여 평가의 방법과 평가의 충분성 및 타당성으로 나누어 분석하였다. 우선 평가의 방법에 대하여 태국 H형강 사건에서 패널이 평결한 것처럼 동 조항의 모든 관련 요소를 평가함에 있어서 '대조표 방법'(Checklist Approach)으로는 동 조항에서의 '평가'(evaluation)의 취지와 목적에 부합되지 않기 때문에 대조표 방법으로 정리된 정보 또는 다른 방식으로 수집된 정보에 대하여 의미 있고 이치에 맞는 분석을 하여야 할 것이다. 또한 이러한 분석은 단순히 개별적 요소와 피해와의 관련성을 찾는 데 주력할 것이 아니라 국내산업의 상황에 대한 철저한 분석을 포함하여야 할 것이다.

다음으로 평가의 충분성 및 타당성에 관하여는 위에서 설명한 것과 같이 태국 H형강 사건, 멕시코 HFCS 사건, EC-면제침구 사건, 이집트-鐵筋 사건 그리고 EC-Pipe Fittings 사건에서 패널은 반덤핑협정 제3.4조에 열거된 요소의 분석의 충분성에 관하여 분석하고 평결을 하였다. 정확하고 객관적인 피해판정을 하기 위해서는 피해판정 요소의 '평가' 자체가 조사당국의 실제적 피해판정에서 요구되는 분석과 판단의 과정이므로 반드시 각각의 요소의 관련성, 중요성 및 그 역할을 충분하게 분석할 것이 요구된다.

충분한 분석은 국내산업의 상황에 대한 충분한 증거를 필요로 할 것이고 이러한 증거는 조사당국이 피해판정을 함에 있어서 명확한 증거에 기초한 객관적인 검토를 하는 데 기초가 될 것이다. 따라서 조사당국이 각각의 요소들에 대한 충분한 분석은 꼭 필요한 것이고 조사당국이 정확한 판정을 함에 있어서 불가결한 절차이다.

Ⅲ. 반덤핑협정 제3.4조에 열거된 요소를 검토함에 있어서 근거하는 정보의 범위

1. 패널 및 상소기관 평결의 분석

동 문제는 아주 명확하다고 할 수 있다. 반덤핑협정 제3.4조는 "덤핑수입품이 관련 국내산업에 미치는 영향의 검토……"라고 규정하고 있다. 따라서 동 조항의 요소들을 고려할 때 근거하는 정보는 반드시 일정 기간 이내의 국내산업의 정보에 근거해야 할 것이다. 국내산업에 관한 규정은 반덤핑협정 제4조에서 규정하고 있지만 국내산업에 관한 정보가 반덤핑협정 제3.4조의 요소를 분석함에 있어서 불가결의 정보이기 때문에 여기에서 다루기로 한다. 동 문제에 관련하여 국내산업의 정보의 범위를 확장시켜 평가한 경우와 국내산업의 정보의 범위를 좁혀서 평가한 경우로 나누어 분석하기로 한다.

1) 국내산업의 정보범위를 확장하여 평가한 경우

이러한 경우는 EC-면제침구 사건에서 나타났다. 동 사건에서 EC는 국내산업을 확정함에 있어서 동종상품을 생산하는 '절대다수'의 생산자를 국내산업으로 보는 방법을 채택하였다. 그 결과 조사개시를 지지하는 35개 기업의 총 생산량이 유럽공동체 전체 생산량의 25%를 초과함으로써 35개 기업이 절대다수의 생산자로 인정되어 유럽공동체 산업으로 되었다. EC는 유럽공동체산업에 속한 기업이 너무 많다는 이유로 17개 기업을 샘플로 축출하였다. 동시에 EC는 수

집한 정보에 관하여 샘플로 선정된 기업, 유럽공동체산업과 유럽공동체 내의 모든 동종상품을 생산하는 생산자의 3개 방면으로 나누어 분석하였다.169)

이에 대해 당사국인 인도는 국내산업의 피해를 검토할 때 샘플로 축출된 17개 기업의 정보에만 근거해야 한다고 주장하였는데 제3국인 이집트도 인도의 주장을 지지한다고 주장하면서 국내산업에 속하지 않는 기업의 자료에 근거하여 피해를 판정하는 것은 적절하지 않다고 주장하였다.170)

위의 주장에서 우리는 국내산업에 속하는 정보인지 또는 그렇지 않은지에 대한 범위를 확정해야 함을 알 수 있다. 만약 국내산업에 속하지 않는 기업의 정보를 사용하여 반덤핑협정 제3.4조에 열거된 요소들을 분석한다면 동 분석에 의해 도출되는 피해의 결과는 공정하고 객관적이라고 할 수 없을 것이다.

동 사건에서 패널은 반덤핑협정 제3.4조의 규정에 따라 샘플을 정한 이후, EC는 샘플기업 이외의 기타 기업의 정보를 고려할 수 없다는 인도의 요구를 다음과 같이 두 가지 경우로 나누어 분석하였다.171)

(1) 유럽공동체산업에 속하지만 샘플기업이 아닌 생산자

반덤핑협정 제3조를 보면 피해판정은 반드시 조사가 미치는 국내산업에 초점을 두어야 하는데 동 사건에서 EC는 35개 회사를 동종상품을 생산하는 유럽공동체산업으로 정의했다. 만약 EC가 국내산

---

169) 朱欖葉, "Analysis of WTO Dispute Settlement Cases", 2003, pp. 337-339.
170) supra note 123, at paras 6.170-6.173.
171) Ibid, at paras 6.179-6.183.

업에 대해 샘플을 축출하여 검토하였다고 하더라도 기타 공동체산업에 속하지만 샘플에 없는 생산자의 관련 정보가 무시되었다면 정확하지 않을 뿐만 아니라 반덤핑조사의 기본원칙과 부합되지 않는다. 또한 일부 증거가 무시되었다면 피해요소에 대한 객관적 평가를 할 수 없을 것이다.

(2) 유럽공동체산업에 속하지 않는 생산자

피해의 판정은 반드시 조사당국이 인정하는 국내산업에 초점을 두어야 하는데 동 사건에서 35개 생산자로 구성된 유럽공동체산업이 국내산업으로 정의되어 있으므로 동 35개 기업 이외의 기타 기업의 관련 경제적 요소는 제3.4조에 규정한 평가와 관련이 없다. 그러므로 EC가 정의한 35개 생산자 이외의 기타 생산자의 정보는 "EC산업과 관련 있는 정보자료"라고 할 수 없을 것이고 제3.4조의 피해판정 요소를 평가하여 공동체산업의 피해를 판정하는 데 적용될 수 없을 것이다.

2) 국내산업의 정보범위를 축소하여 평가한 경우

이러한 경우는 미국-일본산 熱延鋼板에 대한 반덤핑관세 부과사례(이하 '미국 열연강판 사건'이라 함)에서 나타났다. 동 사건에서 일본은 국내산업을 상용시장(the merchant market)과 내제용시장(the captive segment of the market)으로 분류하여 일정한 조건을 만족시키면 피해에 관한 검토는 인위적으로 전자에 초점을 두어야 한다고 규정한 미국법(1930년 관세법 771(7)(c)(iv)조[172])은 제3.1,

3.2, 3.4, 3.5, 3.6, 4.1조를 위반한다고 주장하였다.173)

동 사건에서 패널은 미국 ITC가 피해분석을 할 경우 국내 상용시장에 중점을 두고 분석한다는 규정이지 오직 상용시장의 정보만에 근거한다는 것이 아니며 피해분석은 전체 산업에 근거하여 진행된 것이 아님을 암시하지 않는다고 분석하였다. 이러한 패널의 분석에 관련하여 일본은 분쟁해결기관에 상소하였다. 상소기관은 일본의 상소에 근거하여 동 미국법이 반덤핑협정과의 일치성을 다음과 같이 분석하였다.174)

상소기관은 반덤핑협정 제3.4조의 적용에 관련하여 동 조항을 합법적으로 적용하는 조건은 조사기관이 동일한 방식과 요구에 근거하

---

172) 미국 1930년 관세법 제771(7)(C)(iv)조(as amended (19 U.S.C. 1677(7)(C)(iv))의 원문은 다음과 같음.

If domestic producers internally transfer significant production of the domestic like product for the production of a downstream article and sell significant production of the domestic like product in the merchant market, and the Commission finds that

(I) the domestic like product produced that is internally transferred for processing into that downstream article does not enter the merchant market for the domestic like product,

(II) the domestic like product is the predominant material input in the production of that downstream article, and

(III) the production of the domestic like product sold in the merchant market is not generally used in the production of that downstream article,

then the Commission, in determining market share and the factors affecting financial performance set forth in clause (iii) [of section 771(7)(C)], shall focus primarily on the merchant market for the domestic like product.

173) *supra* note 134, at para 182.

174) *Ibid,* at paras 188-215.

여 국내시장의 모든 부분을 고려하여야 하고 선택성이 있고 부동한 조건으로 고려해서는 아니 된다고 지적하였으며 만약 선택성이 있고 상이하게 적용하였다면 반드시 그렇게 적용한 만족할 만한 이유를 제시하여야 한다고 분석하였다. 동 사건의 상소기관은 미국 ITC의 보고서 중에는 상용시장과 전체 시장의 정보는 있지만 내제용시장에 관한 정보는 없고 또한 내제용시장에 대한 정보의 분석도 없다고 평결하고 있다. 이로 인하여 내제용시장 중의 상품이 직접 덤핑수입상품과 경쟁이 되지 않는다는 이유와 증거를 제공하지 못하였고 내제용시장이 전체 국내시장에 대한 영향도 분석하지 않았으며 상용시장과 내제용시장에 대해 적당한 비교를 하지 않았다고 상소기관은 분석하였다. 이러한 분석에 의하여 상소기관은 미국 ITC는 오직 상용시장에 대한 영향만을 고려하고 내제용시장에 대한 영향은 고려하지 않았기 때문에 미국 ITC의 분석은 선택성이 있는 조건하에서 진행된 것이고 제3.1조와 제3.4조의 규정을 위반하였다고 평결하였다.

2. 평 가

동 문제는 조사당국이 피해판정을 할 때 반드시 적절한 정보에 근거하여 동 조항에 열거된 요소를 분석할 것을 요구한다. 주요하게 국내산업 이외의 정보를 사용한 경우와 국내산업의 전부의 정보를 사용하지 않은 경우를 다루고 있다.

EC-면제침구 사건에서 EC는 국내산업 이외의 정보를 이용하여 동 조항의 요소를 고려하였고 미국 열연강판 사건에서 미국은 국내 내수용시장의 정보를 고려하지 않았다. 위에서 설명한 것처럼 두 사건의 패널 및 상소기관은 모두 정보의 사용이 부적절하다고 인정하고 반덤핑협정 제3.4조를 위반하였다고 판정하였다.

피해판정을 하기 위하여 분석되는 요소들은 이러한 국내산업의 상황의 정보를 토대로 하기 때문에 부적절한 정보의 사용은 적절하지 못한 피해판정의 결과를 초래하게 될 것이고 정보의 범위를 확정하고 정확한 정보를 수집, 정리하는 것은 중요하다.

Ⅳ. 피해판정 요소 검토 시 동일한 기간의 정보의 적용에 관하여

1. 패널 및 상소기관 평결의 분석

반덤핑협정 제3.4조에 열거된 요소를 분석할 때 적용되는 정보는 반드시 동일한 기간 내의 정보이어야 한다. 다시 말하면 일정 기간 내의 정보로서 모든 관련 요소를 분석하여야 하며 각 기간마다의 정보를 이용하여 서로 다른 요소를 분석하는 것은 적절하지 않다는 것이다.

미국 열연강판 사건에서 미국은 1996년부터 1998년 3년간의 관련 정보를 수집하고 분석하였지만 미국 ITC의 보고서에서 알 수 있듯이 최종 피해판정에서 1997년-1998년의 정보를 중심으로 관련 요소를 분석하였고 1996년도 정보는 언급하지 않았다. 이에 대해 일본은 미국이 1996년도 정보를 이용하지 않은 것은 반덤핑협정 제3.4조의 모든 요소를 충분히 검토한 것이라고 인정할 수 없다고 주장하였

112

다.[175] 이에 패널은 미국 ITC의 조사는 3년을 거쳐 이루어졌고 비록 1996년의 정보를 언급하지 않았지만 이는 1996년을 그 이후와 비교할 때 큰 변화가 있어서 1996년도 정보의 신뢰성이 약화되었기 때문이며 따라서 1996년도 정보를 언급하지 않은 미국 ITC의 판정은 객관적이고 공정하였다[176]고 평결하였다.

아르헨티나-브라질산 鷄肉에 대한 반덤핑관세 부과사례(이하 '아르헨티나-닭고기 사건'이라 함)에서 아르헨티나는 어떤 요소는 1996년 01월부터 1998년 12월까지의 정보로 분석하고 다른 요소는 1999년 정보만 이용하여 분석을 하였다. 아르헨티나는 1999년 정보를 사용한 것은 그 전의 어떤 피해요소들의 경향을 다시 한번 확인하기 위한 것이라고 주장하였지만 패널은 1999년도 정보가 그러한 목적에 사용되지 않았고 또한 아르헨티나는 무엇 때문에 1999년도 정보가 일부 요소의 평가에만 사용되고 다른 요소에는 적용되지 않았는가를 증명하지 못하였다고 분석하였다.[177]

위에서 설명한 두 개의 사건은 대조적으로 분석할 필요가 있다. 미국 열연강판 사건에서 미국은 비록 1996년도 정보를 언급하지 않았지만 우선 정보를 언급하지 않은 이유를 충분히 설명하였고 다음으로 피해판정의 모든 요소를 1997년-1998년도 사이의 정보를 이용하여 모든 경제적 요소를 분석하였다. 그러나 아르헨티나-닭고기 사건에서 브라질은 서로 다른 기간의 정보로서 서로 다른 요소들을 분석을 하였을 뿐만 아니라 충분한 해석을 제공하지 못하였다. 따라

---

175) *supra* note 131, at paras 7.217-7.219.
176) *Ibid*, at paras 7.226-7.236.
177) *supra* note 145, at paras 7.284-7.288.

서 조사당국은 피해판정 시 반드시 설정된 기간 내의 모든 정보의 비교분석을 통하여 모든 피해판정 요소를 분석해야 한다. 만약 그렇지 않을 경우, 반드시 그에 따르는 충분한 해석을 제공할 수 있어야 할 것이다.

2. 평 가

동 문제도 역시 정보의 분석에 관련된 것인데 여기에서는 일정 기간 내의 정보와 요소의 분석의 관계를 나타내고 있다.

미국 열연강판 사건에서 미국은 3년간의 정보를 수집하고 피해판정에는 최근 2년간의 정보를 사용하여 피해판정에 관련된 요소들을 분석하였고 아르헨티나-닭고기 사건에서 브라질은 어떤 요소는 1996년 01월-1998년 12월의 정보로 분석을 하고 다른 요소는 1999년 정보만을 사용하여 분석하였다. 즉 1999년 정보를 이용하여 반덤핑협정 제3.4조에 열거된 요소를 전부 분석하지 않았다는 것이다.

위의 브라질과 같은 분석은 조사를 받는 회원국에게 아주 불리하게 될 것이고 피해의 판정이 공정하고 객관적이라고 할 수 없다. 따라서 공정하고 객관적인 분석은 반드시 일정 기간 내의 정보에 대한 비교분석을 통하여 모든 요소를 분석해야 할 것이다. 또한 반덤핑협정에는 검토 기간을 규정하지 않고 있다. 대체로 회원국들은 2-3년간의 정보를 분석하여 피해판정을 하는 경우가 대다수이다. 그러나 검토 기간에 대한 규정이 없기 때문에 조사당국의 자의적 결정에 의해 위와 같은 문제점이 발생할 여지는 여전히 존재한다.

V. 피해판정에서 비덤핑수입 영향의 제외

1. 패널 및 상소기관 평결의 분석

피해판정을 함에 있어서 비덤핑수입의 영향을 고려할 것인지 아니면 제거할 것인지에 대하여서 WTO회원국들 사이에서 논란이 있었다. 브라질은 피해판정에서 비덤핑수입(non-dumped import)의 영향은 반드시 제거해야 한다고 주장한 반면에 EC는 덤핑조사는 특정 수출자보다 특정 국가를 대상으로 하기에 일단 수출국가로부터의 어떤 수입이 덤핑으로 판정되면 조사당국은 덤핑하는 동 국가로부터의 모든 동종상품의 수입에 대해 덤핑을 인정하여야 한다고 주장하였다.[178]

EC-면제침구 사건에서 패널은 '덤핑수입'의 통상적 의미와 반덤핑협정 제3조의 취지와 목적에 따르면 덤핑의 확정은 특정 생산자/수출자의 관련 정보에 기초하여 결정하여야 하고 '덤핑수입'이라 함은 미소마진 이상의 덤핑마진이 산정된 생산자/수출자로부터의 수입을 의미하는 것이며 조사에 있어서 덤핑을 하지 않았다고 인정된 생산자/수출자로부터의 수입은 제외되어야 한다고 분석하였다.[179] 또한 아르헨티나-닭고기 사건의 패널은 EC-면제침구 사건에서의 패널의 분석과 평결에 동의하였다.

2. 평 가

동 문제는 피해판정을 함에 있어서 덤핑수입을 하지 않은 생산자/

---

178) *Ibid*, at paras 7.297-7.300.
179) 朱欖葉, *supra* note 169, pp.334-336.

수출자로부터의 수입은 제외되는가 아니면 포함시키는가 하는 문제이다. EC-면제침구 사건과 EC-Pipe Fittings 사건에서 패널은 모두 비덤핑수입의 영향은 제외되어야 한다고 판정하였다. 개별 생산자/수출자의 상품에 대해서는 덤핑과 비덤핑을 나누어 고려할 필요는 없지만 덤핑을 하지 않은 생산자/수출자는 제외되어야 덤핑을 하지 않은 생산자/수출자에게 공정하고 이러한 관행 역시 국제무역을 활성화시키는 취지에 부합될 것이다. 만약 제외하지 않으면 덤핑을 하지 않았음에도 불구하고 반덤핑관세를 부과받게 될 것이다.

Ⅵ. 반덤핑협정 제3.4조에 열거된 요소의 묵시적 평가 (implicitly address)의 인정

1. 패널 및 상소기관 평결의 분석

위에서 분석했듯이 반덤핑협정 제3.4조에 열거된 요소들은 반드시 검토되고 평가되어야 한다. 만약 관련성 및 중요성이 결여되었을 경우 반드시 그 이유를 설명하여야 하며 침묵(silence)은 동 조항의 의무와 일치하지 않는다고 분석되었다. 그러나 묵시적 평가(implicitly address)는 침묵(silence)과 약간 다르다. 침묵(silence)은 어떤 요소가 최종판정에 완전히 나타나지 않는 경우를 말하는 반면에 묵시적 평가(implicitly address)는 어떤 요소가 기타 요소들의 분석에 함축되어 있어 비록 명시적으로 나타나지 않았지만 인식될 수 있는 경우를 말한다. 아래에서 WTO 패널 및 상소기관의 분석을 살펴보기로 한다.

EC-Pipe Fittings 사건에서 당사국인 브라질은 EC가 ‘성장’이라는 요소를 고려하지 않았다고 주장하였다. 이에 패널은 EC 조사당국은 조사과정 중에서 기타 요소, 즉 판매, 이윤, 생산량, 시장점유율, 생산성, 투자회수율, 설비가동률 등 요소를 검토하는 과정 중에서 국내산업의 이행과 상대적 감소 또는 확장이 고려되었다고 분석하였다.[180] 또한 상소기관은 반덤핑협정 제3.4조에는 피해요소의 분석방법에 대해 규정하고 있지 않고 ‘성장’이라는 요소를 검토하려면 동 조항의 기타 요소들의 분석이 반드시 수반되어야 하기 때문에 이러한 기타 요소들의 평가는 ‘성장’이라는 요소의 평가를 함축할 수 있는 것으로 이러한 묵시적 분석방법(implicitly address)은 동 조항의 의미를 약화시키지 않는다고 주장하면서 패널의 분석을 지지하였다.[181]

2. 평 가

위의 평가를 통하여 알 수 있다시피 반덤핑협정 제3.4조에 열거된 요소들은 반드시 검토되어야 하고 피해의 최종판정에서 반영되어야 한다. 그러나 어떤 요소가 최종판정에 명확하게 나타나지는 않았지만 기타 요소들의 분석에 함축되어 있어 그러한 요소가 평가되었다는 것을 인식할 수 있는 경우가 발생한다. EC-Pipe Fittings 사건에서 패널은 ‘성장’이라는 요소가 기타 요소들을 분석하는 과정 중에 이미 고려되었다고 분석하고 묵시적 평가(implicitly address)의 방법

---

180) *supra* note 142, at paras 7.302-7.310.
181) European Communities-Anti-Dumping Duties on Malleable Cast Iron Tube or Pipe Fittings from Brazil, WT/DS219/AB/R, at paras 154-165.

을 인정하였다.

동 조항에는 피해요소의 분석방법이 규정되어 있지 않고 또한 어떻게 분석해야 하는지 지침도 제시하지 않고 있다. 때문에 조사당국에 자유 재량권이 부과되게 되어 분쟁의 발생가능성을 높일 수 있다.

현실적으로 이러한 묵시적 평가(implicitly address) 방법의 사용은 반드시 신중해야 할 것이다. 조사당국이 묵시적 평가(implicitly address)를 하였을 경우, 반드시 그러한 요소들이 다른 요소들의 평가를 통해 다른 WTO회원국들에 의해 인식되어야 하고 또한 다른 요소들의 평가를 통해 충분히 나타날 수 있음이 설명될 수 있어야 할 것이다.

Ⅶ. 반덤핑협정 제3.4조에 열거되지 않은 관련 요소의 검토

1. 패널 및 상소기관 평결의 분석

반덤핑협정 제3.4조의 마지막 구절을 살펴보면 "위에 열거된 요소는 총망라적이 아니며, 이러한 요소 중 하나 또는 여러 개가 반드시 결정적인 지침이 될 수는 없다."고 규정하고 있다. 즉 국내산업에 대한 덤핑수입의 영향을 검토할 때 위에서 열거된 15개 요소를 제외한 기타 관련 경제적 요소와 지침을 고려할 수 있다는 것이다. 동 규정은 주로 특정 사건에서 조사당국의 자유 재량권을 행사할 수 있는 조항이라고 할 수 있다. 이러한 요소들에 대한 판단은 실질적으로 조사당국이나 기타 회원국들에 대해 상당히 어려울 것으로 판단된다.

반덤핑협정 제3.4조에 열거되지 않은 관련 요소를 검토할 것을 요구한 것은 이집트-鐵筋 사건에서 당사국인 터키이다. 터키는 이집트 조사당국이 국내산업의 피해를 고려할 때 생산력의 대폭증가, 생산력의 증가가 시장에 대한 영향, 경쟁의 격화, 원자재 가격의 하락, 수요의 하락 등 5개의 반덤핑협정 제3.4조에 열거되지 않은 요소를 고려할 것을 요구하였다. 터키는 이러한 요소들이 국내산업과 관련될 뿐만 아니라 국내산업에 피해를 주는 요소이기도 하다고 주장하였다. 터키의 이러한 주장에 대해 패널은 터키는 이집트 조사당국이 반드시 그들이 주장한 요소를 검토하여야 하고 그들이 제기한 방식대로 이러한 요소들을 검토하여야 한다는 것을 증명하지 못하였다고 분석하였다.[182]

EC-Pipe Fittings 사건에서도 당사국인 브라질은 EC가 국내산업의 상황에 관련되어 있는 수출상황, 외부조달, 국내산업의 비용구조를 검토하지 않았다고 주장하였다. 브라질의 주장에 대해 패널은 반덤핑협정 제3.4조에서 반드시 검토되어야 하는 것은 국내산업에 영향을 미치는 요소(factors having an effect)가 아니라 국내산업의 상황 또는 국내산업에 있어서 영향을 표시하는 (indicative of the state of the industry, or the effect on the industry) 것으로서 브라질이 주장한 것들은 반드시 고려해야 할 것이 아니라고 분석을 하였다.[183] 즉 반덤핑협정 제3.4조에 규정된 반드시 검토되어야 할 요소는 국내산업에 그냥 영향을 주는 요소들이 아니라 국내산업이 덤핑

---

182) *supra* note 139, at paras 7.54-7.66.
183) *supra* note 142, at paras 7.343-7.345.

수입에 의해 받은 영향 및 피해를 반영할 수 있는 요소이어야 한다는 것이다.

2. 평 가

동 조항에서는 동 조항에 열거되지 않은 관련 요소의 검토를 허용하고 있다. 그러나 이러한 관련 요소들은 반드시 동 조항의 취지와 목적에 부합되어야 할 것이다. 이집트-鐵筋 사건과 EC-Pipe Fittings 사건에서 원고 당사국들은 조사당국에 동 조항에 열거되지 않았지만 그들이 인정하는 관련 요소를 검토할 것을 요구하였다. 그러나 이러한 요소들은 국내산업이 덤핑수입에 의해 받은 영향 또는 피해를 반영할 수 있는 요소이어야 한다는 동 조항의 취지와 목적에 부합되지 않아 패널이 그들의 요구사항을 기각하였다. 그러나 이러한 요소들에 대해 좀더 검토해 볼 필요가 있을 것이다. 특히 경쟁의 격화와 같은 요소는 피해판정을 함에 있어서 고려할 수 있는 요소라고 생각한다. 따라서 패널의 이와 같은 해석은 검토해 볼 필요가 있다.

Ⅷ. 피해우려의 판정 시 반덤핑협정 제3.4조의 고려여부

1. 패널 및 상소기관 평결의 분석

피해우려의 판정 시 반덤핑협정 제3.4조를 고려할지 여부를 판단하기 위해서는 제3조 규정의 해석과 제3조 내의 각 조항 간의 상호 관계를 설명할 필요가 있다. 또한 실질적 피해의 우려를 판정함에 있어서 국내산업에 대한 덤핑수입의 영향에 관한 일부 요소가 고려되어야 한다는 것은 조사당국에 의해 확인되었지만 이런 고려요소들을 어떻게 수행하고 조사당국이 고려요소에 대해 의무를 지고 있는지 여부에서 의견의 차이가 있다.

1) 반덤핑협정 제3조 규정의 해석 및 상호 관계

반덤핑협정 제3조는 덤핑수입이 국내산업에 피해를 발생하였는지 여부를 판정하기 위한 법적근거를 제공하고 있다. 제3조의 각 조항들 간의 상호 관계는 다음과 같다.[184]

제3.1조는 총칙으로서 피해판정의 원칙을 수립한다. 제3조의 나머지 부분들은 피해의 판정에 관해 더욱 명확한 지침을 제공한다.

제3.2조는 제3.1조에서 검토될 것이 요구되는 수입 물량과 가격효과에 관하여 고려되어야 할 요소들을 설명하고 있다.

제3.3조는 누적적 분석을 위한 필요를 수립하였다.

제3.4조는 제3.1조에 의해 요구되는 국내산업에 대한 덤핑수입의 영향의 검토 중에서 고려되어야 할 요소들을 서술하고 있다.

제3.5조는 인과관계 분석의 필요성을 수립하였다.

제3.6조는 입수 가능한 자료에 대해 설명하였다.

제3.7조는 피해의 우려를 판정함에 있어서 고려되어야 할 요소를 명확하게 수립하였다.

---

184) *supra* note 8, at paras 7.118-7.119.

제3.8조는 피해가 우려되는 경우, 특별히 주의하여 반덤핑조치의 적용해야 한다고 규정하고 있다.

2) 피해우려의 판정에서 덤핑수입의 영향의 고려

멕시코-HFCS 사건에서 당사국인 미국은 피해우려의 판정은 단순히 반덤핑협정 제3.7조에 열거된 요소의 검토에만 기초할 것이 아니라 어느 정도 제3.4조에 열거된 관련 경제적 요소의 검토를 통한 국내산업에 대한 덤핑수입의 영향을 분석해야 한다고 주장하면서 제3조에 대한 자체의 분석을 제기했고 이에 멕시코는 반론을 제기하였다.185)

미국은 반덤핑협정 상의 '피해'라는 용어는 달리 규정되지 아니하는 한, 국내산업에 대한 실질적인 피해, 국내산업에 대한 실질적인 피해의 우려 또는 산업의 확립에 대한 실질적인 지연을 의미하는 것으로 간주되며 동 조항의 규정에 따라 해석된다는 반덤핑협정 각주 9를 인용하면서 반덤핑협정 제3.4조에서는 실질적 피해만을 다루지만 피해에 피해의 우려가 포함되고 또한 제3.7조 자체가 향후에 발생할 수 있는 실질적 피해와 실질적 피해의 판정을 할 수 있는 급박한 상황을 검토할 것을 요구하기 때문에 이러한 맥락에서 국내산업에 대한 수입의 영향을 검토할 경우 고려되어야 할 제3.4조의 요소들은 피해우려의 판정에도 어느 정도 적용되어야 한다고 주장하였다.

멕시코는 피해의 우려를 분석함에 있어서 제3.4조에 열거된 요소들의 검토는 조사당국이 사건의 사정에 기초하여 자유재량으로 제

---

185) *Ibid,* at paras 7.111-7.112, 7.120-7.122.

3.2, 3.4, 3.7조에 열거된 요소들을 검토할 수 있다고 주장하면서 다루지 않은 일부 요소들에 대해 다루지 않은 이유를 설명할 필요가 없다고 주장하였다.

이러한 입장 대립을 해결하기 위해서는 우리는 반드시 피해의 우려를 판정할 때 국내산업에 대한 덤핑수입의 영향의 명확한 분석이 필요한가? 만약 필요하다면 이러한 분석의 성격은 무엇인지를 논의해야 할 것이다.

(1) 덤핑수입의 영향에 관한 명확한 분석의 필요성

피해의 우려를 판정하기 위하여 반드시 제3.7조에서 열거한 요소들을 분석해야 하지만 만약 반덤핑협정 제3.7조에 열거된 요소만 분석한다면 "반덤핑관세를 부과하지 않거나 가격약속을 하지 않으면 엄중한 피해의 발생이 급박하다"는 것을 증명할 수 없게 된다. 제3.7조는 향후에 발생 가능한 수입증가의 확인, 향후 가격에 관한 수입의 영향, 수입상품에 대한 수요의 추세 및 재고의 분석을 요구한다. 이러한 요소들 자체는 피해의 우려를 판정함에 있어서 중요한 요소들이지만 계속적인 덤핑수입이 결과적으로 국내산업에 어떤 영향을 미치는가에 대해서는 결정하지 못한다.[186] 그러므로 수입의 결과적 영향의 분석은 실질적 피해의 우려를 판정함에 있어서 꼭 필요한 것이다.

---

186) *Ibid*, at para 7.126.

(2) 요구되는 분석의 성격문제

피해의 우려를 판정할 경우, 반덤핑협정 제3.4조의 국내산업에 대한 덤핑수입의 영향을 검토할 때 고려해야 할 요소들의 성격을 결정하는 것은 제3.4조와 제3.7조의 관련성을 결정하거나 또는 조사당국의 의무를 결정하는 데 있어서도 상당한 의미가 있을 것이다.

멕시코-HFCS 사건에서 패널은 피해의 우려를 판정할 때 반덤핑협정 제3.4조에 열거된 모든 요소들을 반드시 고려하여야 한다고 분석하였다. 패널은 그 이유를 다음과 같이 설명하였다.[187]

첫째, 수입의 결과적 영향을 검토함에 있어서 제3.4조의 고려사항은 제3.1조와 제3.7조의 요구와 일관된 판정을 하기 위하여 피해의 우려를 포함할 것을 요구한다. 왜냐하면 반덤핑협정 제3.1조는 피해의 판정은 수입의 영향의 검토를 포함한다고 규정하고 있는 한편 제3.4조는 그러한 검토에 관련된 요소들을 열거하고 있다. 제3.7조는 조사당국은 보호조치가 없을 때 실질적 피해의 발생가능성 여부를 판정할 것을 요구하고 있기 때문이다.

둘째, 특정 사건에서 동 사건과 관련된 기타 경제적 요소들이 고려될 필요는 있겠지만 반덤핑협정 제3.4조에 열거된 모든 요소들은 모든 반덤핑 사건에서 고려되어야 한다. 따라서 피해우려 판정 시 제3.4조에 열거된 요소들은 피해우려 사건에서도 고려되어야 한다. 비록 이러한 요소들이 특별한 산업이나 특별한 사건에서 조사당국의 결론에 증거를 제시하지 못하고 실질적 피해판정에 관련이 없을 수도 있지만 제3.4조의 모든 요소들의 분석은 반드시 최종판정에서 반

---

187) *Ibid*, at paras 7.127-7.142.

영되어야 한다.

셋째, *United States-Shirts and Blouses 사건에서* 패널은 섬유 및 의류에 관한 협정(the Agreement on Textiles and Clothing) 제6.3조188)의 규정에서 '반드시 검토'(shall examine)라는 단어에 근거하여 조사당국이 조사개시 시 반드시 동 규정에 열거된 모든 요소를 고려해야 할 뿐더러 그에 따른 해석도 반드시 필요하다고 분석하였다. 그리고 *Korea-Dairy Safeguard* 사건에서 패널은 세이프가드협정의 실질적 피해와 피해의 우려를 판정할 때 관련 요소를 '반드시 평가(shall evaluate)'해야 한다는 규정에 근거하여 조사당국은 피해 및 피해우려 판정 시 반드시 모든 요소를 고려해야 한다고 분석하였다.

넷째, 반덤핑협정 제3.7조에 규정된 반드시 고려되어야 할 요소들은 제3.4조의 요구에 근거한 국내산업에 대한 덤핑수입의 영향을 고려하는 의무를 제거하지는 않는다.

다섯째, 피해우려의 판정을 할 때, 반덤핑협정 제3.4조에 규정된 피해판정 요소를 고려하지 않는다면 공정하고 객관적인 사실의 분석이 있을 수 없다. 때문에 조사당국이 덤핑수입이 국내산업에 미칠 수 있는 영향이 급박한지 여부를 분석하기 위한 배경적 자료를 확립

---

188) **The Agreement on Textiles and Clothing 제6.3조.**

In making a determination of serious damage, or actual threat thereof, as referred to in paragraph 2, the Member **shall examine** the effect of those imports on the state of the particular industry, as reflected in changes in such relevant economic variables as output, productivity, utilization of capacity, inventories, market share, exports, wages, employment, domestic prices, profits and investment; none of which, either alone or combined with other factors, can necessarily give decisive guidance.

하기 위해서는 필요하다.

피해의 우려에서 덤핑수입의 영향의 고려 문제는 미국 침엽수 板材 사건에서도 언급되었다. 하지만 동 사건에서 패널은 멕시코－HFCS 사건에서의 패널과 다른 입장을 취하고 있다. 동 사건에서 패널은 개별 실질적 피해의 우려 사건에서 배경자료를 건립하기 위하여 미래 덤핑수입의 영향은 반드시 분석되어야 한다는 것에 관한 규정이 반덤핑협정 제3.4조와 제3.7조에 규정되지 않았고 또한 이러한 규정들의 목표와 목적은 그러한 결론을 도출하지 못한다고 분석하였다. 게다가 조사과정 중에서 실질적 피해가 존재하는지 여부를 검토할 때 이미 반덤핑협정 제3.4조에 열거된 요소를 고려하였기에 굳이 피해의 우려의 여부를 판정할 때 다시 한번 동 조항의 요소들을 전부 고려할 필요가 없다고 패널은 분석하였다.[189]

2. 평 가

동 문제는 반덤핑협정 제3.4조와 제3조 내의 기타 조항과 상호 관계 문제를 다루는 것이다. 반덤핑협정 제3.4조와 제3.7조에는 명확하게 피해우려의 판정 시 제3.4조를 고려하여야 한다는 명시적 규정이 없다.

위에서 분석한 것처럼 멕시코－HFCS 사건에서 패널은 반덤핑협정 제3.4조의 요소들을 검토하지 않으면 피해우려를 판정하는 데 불충분하고 피해우려를 판정함에 있어서 배경적 근거를 제공하기 때문에 조사당국은 반드시 모든 요소를 검토하여야 할 뿐만 아니라 제

---

189) *supra* note 151, at paras 7.104-7.111.

3.7조에 규정된 요소들의 검토는 제3.4조를 고려하는 의무를 면제하지 않는다고 해석하였다. 동 사건의 패널의 해석과 다르게 미국 침엽수 板材 사건에서 패널은 제3.4조를 고려하여야 하지만 멕시코-HFCS 사건의 패널처럼 모든 요소를 전부 다 고려하는 것은 동의하지 않았고 모두 고려한다는 것은 불필요한 이중 작업이라고 해석하였다.

만약 제3.4조나 제3.7조에 두 조항의 관계를 명시하였다면 아주 쉽게 해결될 수 있는 문제일 것이다. 우선 반덤핑협정상의 '피해'라는 용어는 동 협정 각주 9에 명시되어 있다시피 피해의 우려도 포함시키고 있다. 따라서 피해의 우려를 판정할 때 제3.4조의 요소들을 고려해야 할 것이고 제3.7조의 요소들만 검토한다면 피해우려의 판정의 근거가 불충분할 것이다. 위에서 설명한 바와 같이 피해의 판정에서 제3.4조의 요소는 반드시 모두 고려되어야 한다. 이러한 맥락에서 제3.7조의 피해의 우려를 판정할 때 반드시 제3.4조에 열거된 모든 요소가 검토되어야 할 것이다.

IX. 일몰재심에서 반덤핑협정 제3.4조의 적용 여부

1. 패널 및 상소기관 평결의 분석

일몰재심은 반덤핑협정 제11조에 규정되어 있고 원칙적으로 반덤핑관세가 부과일로부터 5년 이내에 종결하도록 규정하고 있다. 그러나 조사당국이 심사를 거쳐 반덤핑조치가 철회되면 실질적 피해가 계속되거나 재발할 것이라고 인정할 경우 계속적인 반덤핑조치는 가능하게 된다. 조사당국의 이러한 심사과정 중에 반덤핑협정 제3.4조가 적용되는지 여부는 조사당국이 심사과정 중에 반덤핑협정 제3.4조에 규정된 요소를 고려해야 되는지 여부의 문제가 발생하게 된다.

미국－아르헨티나산 油井管에 대한 반덤핑조치 일몰재심사례(이하 '미국 유정관 일몰재심 사건'이라 함)에서 당사국인 아르헨티나는 반덤핑협정 제3.4조에 열거된 15개 피해요소를 모두 검토하여야 한다고 주장한 반면에 미국은 일몰재심에서 반덤핑협정 제3조의 규정은 전체적으로 적용되지 않는다고 주장하였다. 동 사건의 제3국인 EC는 일몰재심에서 반덤핑협정 제3조의 규정이 필요한 변경을 가하여 적용될 수 있다고 주장하였고 일본은 일몰재심에서 피해판정에 대한 반덤핑협정 제3조의 규정은 적용될 수 있기에 제3.4조의 요구는 일몰재심에서도 이행되어야 한다고 주장하였다.[190]

동 사건에서 패널은 반덤핑협정 제3조의 규정이 일몰재심에 적용되지 않는다고 판정하였다. 왜냐하면 원 조사에서는 조사 기간 중 반드시 덤핑의 존재에 대해 판정을 하여야 하지만 일몰재심에서는 덤핑판정을 할 것이 요구되지 않기 때문에 일몰재심에서 반덤핑협정 제3조의 의무가 통상적으로 적용되는 것은 아니라고 분석하였다.[191] 다시 말하면 조사당국이 일몰재심에서 피해의 판정을 하거나 일몰재심의 한 부분으로서 과거의 피해판정을 이용한다면 반드시 피해판정에 관한 규정에 따른 의무를 지게 될 뿐이라는 것이다.[192] 동 사건

---

190) *supra* note 148, at paras 7.313-7.317.
191) *Ibid*, at paras 7.270-7.276.
192) *Ibid*, at para 7.274.

에서 상소기관은 일몰재심에서 피해판정의 가능성(likelihood)에 대해 반덤핑협정 제3.4조에서의 의무가 적용되지 않는다는 패널의 판정을 지지하였다.

위에서 설명한 바와 같이 현행 반덤핑협정은 재심에 있어서 적용하는 방법, 절차, 개념 등이 분명하지 않기 때문에 조사당국이 재심절차에서 최초 조사 때와는 근본적으로 다른 자의적인 방법, 절차 개념 등을 적용하게 되어 수출업자에게 부당한 부담이 되고 있다. 따라서 재심절차에서도 최초 조사와 동일한 규정이 적용되어야 한다는 주장이 제기되고 있다.[193] 그뿐 아니라 당국의 직권조사(on their own initiative) 개시 조건이 분명하지 않기 때문에 자의성이 개입될 소지가 많다.

한편 몇몇 회원국의 경우 국내법상 사법적 재심의 판결효력이 오직 동 재심을 신청한 수출업자에게만 적용되고 여타 수출업자에게는 해당 반덤핑조사가 하자가 있었다고 판결하는 경우라도 전혀 판결의 적용에서 배제되는 경우가 있다. 인도는 동 문제에 대해서 제기하고 있는데 인도의 주장에 의하면 협정 제11조에 새로운 규정을 설치하고 모든 이해당사자가 특정 당사자가 청구한 사법적 재심의 판정에 근거하여 재심에 착수할 수 있도록 하여야 한다는 것이다.[194] 아무튼 재심과 관련된 이슈가 성공적으로 개정될지의 여부는 알 수 없으나 EC의 경우 프렌즈 그룹에 대한 질의서를 통해 "상당수의 조사당국이 재심조사 시 수행하는 재발분석(recurrence analysis)이 적절한 방법인지, 그렇지 않으면 어떠한 방법이 적절한지"에 대한 의문을

---

193) 프렌즈 그룹 TN/RL/W/10, 호주의 TN/RL/W/23 참조.
194) 인도, TN/RL/W/26.

제기함으로써195) 재심 관련 규정의 대폭적인 개정에는 반대할 것임을 시사하고 있는 형국이다.

2. 평 가

일몰재심 과정 중에 반덤핑협정 제3.4조에 열거된 요소를 고려하여야 하는지 여부에 관련하여 위에서 분석한 것처럼 미국 유정관 일몰재심 사건에서 패널과 상소기관은 일몰재심에서 반덤핑협정 제3조가 전체적으로 적용되지 않으므로 당연히 제3.4조는 적용되지 않는다고 해석하였다. 일몰재심에 관련된 반덤핑협정 제11.3조의 규정을 보면 조사당국의 자유 재량권에 의해 계속 부과할지 여부가 결정되고 있다. 반덤핑관세가 계속 부과된다는 자체는 국내산업이 덤핑수입에 의해 실질적 피해를 계속 받고 있거나 그러한 피해가 재발할 수 있다는 것을 설명한다. 실질적 피해의 존재 여부는 제3조의 규정에 따라 분석되어야 하는데 만약 제3조의 규정이 적용되지 않는다면 실질적 피해는 무엇에 근거하여 판정되는지 의문이 생긴다. 반덤핑협정 제11.3조는 그 근거를 조사당국의 검토 또는 이해당사자의 정당한 근거에 입각한 요청에 의한 검토에 두고 있다. 이러한 표현은 아주 애매모호하고 명확하지가 않아 조사당국의 자유 재량권의 행사로 인한 분쟁의 발생의 소지가 존재한다. 이러한 문제점들은 반덤핑협정 제11.4조의 증거 및 절차와 관련한 제6조의 규정은 이 조에 따라 이루어지는 모든 검토에 적용된다는 규정과 같은 조항을 부가하는 방식으로 이런 규정을 명확히 할 수 있을 것이다.

---

195) *Ibid.*.

제3절 소 결

조사당국이 반덤핑조사 신청을 받고 조사를 개시할 때 국내산업에 피해가 존재하는지 여부를 판정하려면 반드시 반덤핑협정 피해판정에 관한 요소를 고려하여야 한다. 특히 국내산업에 대한 덤핑수입의 영향은 반덤핑협정 제3.4조의 규정과 동 조항에 열거된 요소들을 반드시 검토해야 하고 의미 있고 충분한 분석을 해야 한다. 덤핑조사는 덤핑의 판정, 피해의 판정과 덤핑과 피해의 인과관계를 증명하는 과정이다. 만약 덤핑이 발생하였다는 긍정적 판정이 나오면 그에 따른 피해의 판정이 따를 것이다. 피해에 긍정적 판정이 나오면 인과관계를 고려하게 되는데 만약 피해가 없다는 판정이 나오면 인과관계는 고려되지 않는다. 이러한 맥락에서 반덤핑조치의 부과과정에서 피해의 판정은 불가피하게 된다.

반덤핑협정 제3.4조는 광범위한 WTO소송에서 문제가 되고 있다. 이러한 WTO 분쟁에 대한 판정은 몇 개의 Key Point를 확립한 반면에 여러 가지 문제점도 보이고 있다.

I. 확립한 Key Point

1. 반덤핑협정 제3.4조의 요소들은 모두 강제적 성격이 있고 반드시 고려되어야 한다. 조사당국은 기타 부가적인 요소들은 고려하지 않거나 고려하지 않기로 결정할 수는 있지만 적어도 특별히 열거된 각각의 요소들은 반드시 검토하여야 한다.

2. 반덤핑협정 제3.4조의 요소들은 4개 그룹으로 형성된 것이 아니라 15개 개별적 요소로 구성되었다.

3. 조사당국은 반드시 반덤핑협정 제3.4조에 열거된 요소들을 Checklist가 아닌 설득력 있고 충분한 분석을 하여야 한다.

4. 조사당국은 반덤핑협정 제3.4조의 어떤 요소가 피해의 판정과 관련이 없거나 중요하지 않다고 인정할 경우, 적어도 피해판정에서 명백하게 그들이 근거하고 있는 이유를 제공하여야 한다.

5. 피해판정에서 조사당국은 반드시 비덤핑수입의 영향을 제외해야 한다.

Ⅱ. 출현된 문제점

1. 반덤핑협정 제3.4조에 열거된 요소의 분석방법 및 분석지침 문제

EC-면제침구 사건에서 EC는 반덤핑협정 제3.4조에 열거된 요소들을 분석하는 데 적용되는 정보에 관련하여 자율적으로 정보의 수집과 적용에 있어서 자국 내 기업에 유리하게 분석하기 위하여 자의적으로 그 범위를 확장하였고 미국 열연강판 사건에서 미국 국내법은 그 범위를 축소시켰다. 그리고 묵시적 평가(implicitly address)의 인정문제는 반덤핑협정 제3.4조에 열거된 요소들의 분석방법을 제시하고 있는데 이러한 방법이 타당한지에 대해서는 명확하지 않다. 또한 이집트-鐵筋 사건과 EC-Pipe Fittings 사건에서 반덤핑협정 제

3.4조에 열거되지 않은 관련 요소의 검토에 관련하여 명확한 분석방법 또는 지침이 없기에 개별 조사당사국들에 의해 자의적으로 분석되고 제기되고 있다. 명확한 분석방법 또는 지침이 없고 완전히 조사당국의 자유 재량권에 의해 진행되었기에 조사당국의 분석에 이의를 제기할 가능성은 아주 높다. 때문에 반덤핑협정 제3.4조에 열거된 요소의 분석방법 또는 분석지침을 명확히 할 필요가 있다.

2. 반덤핑협정 제3.4조와 제3조 및 반덤핑협정 기타 조항과의 관계문제

반덤핑협정 제3.4조와 제3조의 관계가 명확하지 않아 당사국 간의 입장 차이가 존재하고 있고 패널의 판정도 역시 일치하지 않은 경우가 있다. 멕시코-HFCS 사건과 미국 침엽수 板材 사건에서 피해의 우려를 판정할 때 반덤핑협정 제3.4조를 고려하는가에 관련하여 당사국은 물론 두 사건에서 패널의 분석 역시 달랐다. 그리고 일몰재심에서 반덤핑협정 제3조 나아가서 제3.4조가 적용되는지도 문제가 되었다. 이러한 분쟁사례로부터 반덤핑협정 제3.4조와 제3조 나아가서는 반덤핑 기타 조항과의 관계를 명확히 할 여지가 있다고 본다.

제4장
DDA 반덤핑협정의 개정논의 분석 및 개선방안
: 피해판정을 중심으로

제1절 반덤핑협정의 개정논의

I. 논의 배경

우루과이라운드에서 채택된 반덤핑협정은 여전히 조사당국의 자의적인 판단이 개입되어 분쟁이 빈번하게 발생하였다. 반덤핑제소가 세계적으로 점차 증가하는 추세에 있고, 국내산업의 보호수단으로 남용되는 경향이 뚜렷해지고 있으며 전 세계 자유무역을 지향하는 WTO의 목적과 배치되는 상황이 일반화됨에 따라 반덤핑협정의 개선이 필요하다는 공감대가 확산되었다.[196] 따라서 2001년 11월 도하에서 개최된 제4차 WTO각료회의에서 각료선언을 채택하면서 DDA(Doha Development Agenda)협상이 공식 출범하게 되었고 반덤핑은 공식의제에 포함되었다.

WTO규범에 관한 협상그룹은 무역협상위원회에 의해 2003년 2월에 설립되었다. DDA협상이 개시되면서 각 회원국들은 무역왜곡에 관련하여 명확히 해야 하거나 개선되어야 할 부분에 대해 의견을 제시할 것이 요구되었다. 그 결과로 2005년 4월 21일 DDA 규범협상그룹 의장이 WTO무역협상위원회에 규범협상에 관한 보고서를 제출하는 시점까지 약 178여 개 공식 제안서와 무역구제조치에 관련한 38

---

196) 최낙균 외 10인, "DDA협상 총점검-2002", p.134.

개의 비공식 제안서가 회원국에 의해 제출되었다.[197]

이번의 도하라운드 협상은 GATT-WTO 차원에서 개최되는 제9차 다자간 무역협상에 해당되지만 그 개최의 기본 동기에 있어서 과거의 협상들과 근본적인 차이가 있다. 우선 과거의 협상들은 당시의 무역 주도국들의 요청에 대한 다른 회원국들의 동의의 형태로 성립되었던 데 반해, 이번 협상은 국제기구인 WTO 차원의 공식적이고 지속적인 논의 과정을 통하여 그 출범이 추진된 결과라 볼 수 있다.[198] 또한 이번 도하라운드 규범협상의 목적은 'WTO규범의 명확화와 개선'(clarifying and improving WTO rules)이라는 점에서 규범의 개정보다 규범의 재정립임을 알 수 있다.[199]

또한 반덤핑규범의 개정이 포함된 의장성명서 제28항은 현행 WTO 반덤핑협정의 규정을 명확하게 하고 개선할 목적으로 협상을 진행하되, 협정의 기본개념, 원칙, 유효성, 수단과 목적은 유지되어야 하며 개도국과 최빈개도국의 요구는 고려되어야 한다고 규정하고 있는데 이것은 미국의 반덤핑협정의 개정을 반대한 결과로서 미국의 주장을 반영한 것이다.[200] 이로부터 반덤핑협정 중의 덤핑, 피해판정, 반덤핑조사, 증거, 재심 등 기본내용이 큰 변화를 일으키려면 상당히 어려울 것으로 예상된다.

그럼에도 불구하고 반덤핑규범에 대한 협상은 그 의의가 아주 크

---

197) 무역협상위원회 의장 보고서, TN/RL/12, 2005. 04. 21, pp.1-2.
198) 최원목, "반덤핑협정의 문제점 및 개정방안", 무역구제 2002 봄호, pp.16-17.
199) *Ibid.*.
200) 무역위원회, "DDA 반덤핑협정 개정협상에서 미국, EU 및 중국의 입장 분석연구", 2003. 12. 15, pp.19-20.

다고 할 수 있다. 반덤핑규범은 동 규범에 관련된 규정이 나타나서부터 계속 논의되어 왔고 반덤핑을 자주 당하는 국가, 특히 개도국들의 많은 관심사가 되고 있으며 회원국의 대외통상정책에 직·간접적인 영향을 미칠 뿐만 아니라 국제통상환경에도 직접적인 영향을 미친다는 점에서 주목받고 있다.[201] 또한 반덤핑협정을 포함한 규범의 논의는 다자무역체제를 강화하는 데 도움이 될 것이며 피해판정 등 반덤핑협정의 구체적 규정을 명확화 및 개선함으로써 분쟁의 발생을 감소하여 회원국 간의 통상마찰을 완화할 수 있을 것으로 기대된다.

II. 반덤핑협정 개정에 관한 주요국의 찬반입장

DDA협상에서 반덤핑협정은 규범협상 그룹에서 이루어지고 있으며 반덤핑협정에 대한 각 회원국들의 입장에 따라 크게 세 개의 그룹으로 구분할 수 있다.

첫 번째 그룹은 실체기준과 절차 면에서 반덤핑협정을 개정하고 반덤핑조치의 남용을 방지하고 개도국의 필요를 고려할 것을 주장하고 있는 프렌즈 그룹(Friends Group)[202] 및 인도이다.

두 번째 그룹은 반덤핑조치의 유효성 및 반덤핑절차의 공정성과 투명성을 강조하고 무역행위의 왜곡을 제거할 것을 주장하는 미국이다.

---

201) 강문성 외 2인, "DDA 규범분야의 논의동향과 개정방향", 2002. 12, p.15.
202) 프렌즈 그룹이란 반덤핑협정의 개정을 적극 제안하고 추진하는 국가와 지역들로 구성된 그룹인데 여기에는 브라질, 칠레, 콜롬비아, 코스타리카, 홍콩, 이스라엘, 일본, 한국, 멕시코, 노르웨이, 싱가포르, 스위스, 대만, 타이, 터키가 포함된다.

세 번째 그룹은 반덤핑협정의 유효성 및 투명성과 정당한 절차를 강화하여 회원국의 반덤핑조치의 합법적 권리를 보장할 것을 요구하는 반면에 반덤핑조치의 남용을 제한하여 부정당한 무역제한조치로 작용하는 것을 방지할 것을 주장하는 중간자적 태도를 취하는 EC, 캐나다, 호주 등 국가이다.

현재 회원국들이 논의하고 있는 부분은 덤핑, 피해 및 인과관계의 판정, 반덤핑조사절차, 재심절차, 투명성과 정당한 절차, 공공이익의 고려와 개도국에 대한 특별대우와 차별대우 등 문제에 초점을 두고 있다. 아래에서 전반 반덤핑협정의 개정논의 및 피해판정에 대한 그들의 입장을 살펴보도록 한다.

1. 반덤핑협정 개정의 찬성입장

1) 프렌즈 그룹의 입장

프렌즈 그룹, 인도는 반덤핑협정의 개정을 적극 제안하고 추진하고 있다. 프렌즈 그룹의 회원국들은 장기간 기타 회원국들의 반덤핑조치의 목표 국가들로 구성되었고 그들은 도하라운드에서 반덤핑협정의 명확화 및 개선을 위하여 적극적으로 제안서를 제출하였다. 이러한 제안서에서 프렌즈 그룹은 많은 회원국들에서 반덤핑조치를 취하거나 각국의 반덤핑협정의 규칙을 해석하고 적용함에 있어서 상당한 차이를 보이고 있어 반덤핑조치의 불일치와 예측 불능을 발생시킨다고 언급하였다. 또한 이러한 원인으로 반덤핑협정은 회원국들이 반덤핑절차 중에서 동일한 기준을 적용하도록 보장하고 동시에 더 많은 투명성과 예측가능성을 제공하여야 하며 이를 위하여 반덤핑협정은 반드시 회원국이 취하는 반덤핑조치에 정확하고 명확한 규정을 두어야 한다고 주장하였다. 따라서 현재의 규칙을 명확화 및 개선하여 반덤핑조치의 남용과 오용을 방지하고 반덤핑협정을 적용하는 데 있어 현존하고 있는 상이한 방법들을 조화 및 통일시키는 것이 반덤핑의제 협상에서 핵심 목표라고 언급하였다.[203]

프렌즈 그룹의 협상목표[204]는 (1) 피해분석, 인과관계 분석 등의 방면에서 규칙을 명확화 및 개선하여 반덤핑조치의 남용 및 오용을 방지함으로써 이러한 반덤핑조치가 피해성 덤핑의 범위 내에서만 사용되도록 하고, (2) 피소기업에 대한 과도한 부담을 방지하며, (3) 반덤핑절차의 예측가능성, 투명성 및 공정성을 강화하며, (4) 개도국의 필요를 고려한다.

2005년 12월 홍콩에서 개최될 예정인 제6차 WTO 각료회의에서 반덤핑 협상 분야도 다른 분야와 병행하여 실질적인 성과를 거두게 하기 위하여 프렌즈 그룹 15개국 고위급 관리들은 2005년 2월 11일 DDA 협상의 일환으로 진행되고 있는 WTO반덤핑규범 개정협상을 진전시키기 위해 노력하도록 촉구하는 공동성명을 발표하였다. 동 공동성명에서 협상 개시를 위한 기반이 거의 마련되어 가고 있고 문서 중심(text-based)의 협상을 시작하여야 한다고 주장하였으며 다음과 같은 6개 목표를 제기하였다.[205] 그들이 제기한 목표는 (1) 반덤핑조치의 지나친 영향 완화, (2) 반덤핑조치의 영구화 방지, 3) 적

---

203) 프렌즈 그룹, TN/RL/W/28, 2002. 11. 22, pp.1-2.
204) 프렌즈 그룹, TN/RL/W/63, 2003. 2. 12, pp.1-4.
205) 프렌즈 그룹, TN/RL/W/171, 2005. 2. 15, pp.1-5.

법절차 강화 및 절차의 투명성 개선, (4) 정부와 피소자의 소송비용 절감, (5) 부당하고 불필요한 반덤핑조사의 조기 종료, (6) 덤핑 및 피해에 대한 실체규범의 개선 및 명확화를 위한 원칙을 제공하는 것이다.

2) 인도의 입장

인도 역시 반덤핑협정의 개정을 지지하면서 개도국의 입장을 많이 대변하는 주장을 제기하였다. 인도는 반덤핑조치의 빈번한 사용은 지나치게 국내산업을 보호하는 제도로 되어 가고 있으며 덤핑수입으로 인한 피해를 제거하는 목적으로 사용되지 못하고 있다고 언급하였다. 또한 인도는 반덤핑조치의 남용 및 오용은 이미 각국의 무역자유화를 위한 노력에 피해를 주고 있고 대량의 반덤핑 사건에서 국내산업이 충분한 증거를 제공하지 않았음에도 불구하고 정부는 조사를 개시하는 경우가 많다고 언급하면서 반덤핑조치의 불확정성과 제한성 효과는 특정 교역뿐만 아니라 특정상품의 장기적 무역활동에도 영향을 주고 있다고 주장하였다. 따라서 인도는 반덤핑의제의 협상목표는 반덤핑조치의 남용 또는 오용을 방지 또는 감소하는 동시에 개도국과 최빈개도국의 필요를 고려하는 것이라고 제안하였다.[206]

---

206) 인도, TN/RL/W/4, 2002. 4. 25, pp.1-2.

2. 반덤핑협정 개정의 반대입장

미국은 이전부터 반덤핑협정의 개정을 반대해 왔고 현행의 규범으로 충분하다고 주장하여 왔다. 미국이 관심을 두고 있는 문제는 반덤핑 조치가 불공정무역을 대처함에 있어서 유효성 및 행정당국이 충분한 자유 재량권을 가지도록 하는 것이다. 따라서 미국은 반덤핑 다자협상의 주요한 반대국가였다. 시애틀 회의 당시 미국 클린턴 행정부는 반덤핑규칙에 대한 협상을 거절하였고 이는 부시 행정부까지 이어져 2001년 도하각료회의에서도 미국은 반덤핑협정의 개정을 협상의제에 포함하는 것을 반대하였다. 그러나 미국정부는 반덤핑의제가 한국, 일본과의 농산물협상 및 개도국과의 서비스협상 등 방면에서 아주 가치 있는 '교역의 칩'(bargaining chip)으로 활용할 수 있다는 것을 인식하게 되었고 또한 미국 농업단체들의 강력한 압력과 로비[207] 그리고 반덤핑협정의 개정을 요구하는 개도국들의 동의 없이는 뉴라운드 출범이 불가능하여 결국 미국정부는 반덤핑협상에서의 태도를 다소 바꾸게 되었다.[208]

미국이 반덤핑 의제에 대해 줄곧 소극적인 태도를 취하다가 위와 같은 원인으로 반덤핑규칙에 대해 협상하는 것을 동의하였지만 그들의 입장은 근본적인 변화를 가져오지 않았다. 미국은 기존의 무역구제 규칙의 기본원칙 및 동 규칙의 유효성을 유지하는 것을 토대로 반덤핑의제를 협상할 것을 강력히 주장하였다.

---

207) 劉勇, "多哈回合談判中的反傾銷議題", 2004, 國際經濟法學刊 제10호, p.342.
208) 무역위원회, "DDA 반덤핑협정 개정협상에서 미국, EU 및 중국의 입장 분석연구", 2003. 12. 15, pp.32-33.

미국의 협상목표[209]는 (1) 무역구제법의 강도(strength)와 유효성을 유지하고, (2) 충분하고 효율적인 분쟁해결제도를 보충하는 것과 무역구제법은 반드시 공개적이고 투명한 방식으로 실시할 것, (3) 효율적으로 무역왜곡 행위를 방지할 것, (4) 무역구제법의 해석에서 패널과 상소기관은 협정에 포함되지 않은 의무를 회원국에 부과하는 것을 방지하는 것이다.

이러한 목표에서 알 수 있다시피 미국은 반덤핑조치의 남용을 문제점으로 지적하고 있는 프렌즈 그룹과는 달리 정부의 개입으로 산업에 대한 인위적인 우위가 생성된다는 것을 문제점으로 보고 있다. 따라서 미국은 반덤핑조치를 무역왜곡적인 관행에 대한 해결책으로서뿐만 아니라 회원국의 생산자들 간의 공정한 경쟁을 보장하는 조건을 조성하는 것을 돕는 것이라고 보고 있다.[210] 미국의 이러한 주장으로부터 사실상 미국은 프렌즈 그룹처럼 실체조항의 개정보다는 절차적 조항의 개선작업에 중점을 두고 있음을 알 수 있다.

3. 중간자적 입장

1) EC의 입장

EC는 미국과 마찬가지로 시애틀 각료회의에서 반덤핑협정의 개정에 동의하지 않았다. 그러나 EC의 회원국들과 주요 무역대상국들로 인하여 유럽위원회는 시애틀 각료회의에서 반덤핑협정의 일부 기술

---

209) 미국, TN/RL/W/27, 2002. 10. 22. p.5.
210) *Ibid*, pp.3-4.

적인 부분을 검토할 의도는 있다고 언급하였다. 당시 유럽위원회는 반덤핑절차에 따르는 행정적 부담을 줄이고, 좀더 엄격한 조사개시 요건과 명확한 조사규정을 적용하는 기준을 마련하고 우회에 관한 규정을 확립하며 개도국에 대한 특별차등대우를 고려할 것을 주요 내용으로 하는 입장을 밝혔다. 이러한 입장은 대부분 도하각료회의 까지 이어졌고 EC가 제출한 제안서에도 반영되어 있다.[211]

EC는 도하각료회의에서 선진국과 개도국을 모두 포함하여 더욱 많은 국가들이 반덤핑조치를 사용하고 있으므로 반덤핑은 이미 세계적 무역보호의 도구로 되고 있고 회원국들의 반덤핑규칙에 대한 해석과 적용의 커다란 차이는 분쟁의 발생을 야기한다고 지적하였다. 이에 따른 EC의 기본입장은 현행의 원칙을 강화하고 반덤핑수단의 유효성과 그 목적을 보전하며 일부 조항을 단순화, 명확화하며 개도국의 필요를 고려하는 것이라고 언급하였다.[212] EC는 반덤핑협정의 실질적 개정에 대하여는 소극적이지만 프렌즈 그룹과 의견을 일치하는 부분이 존재하여 사실상 중간자적인 입장을 취하고 있다고 볼 수 있다.

2) 캐나다 입장

캐나다는 우루과이라운드에서 반덤핑문제는 중대한 성과를 거두었지만 여전히 많은 흠결이 존재하기 때문에 반덤핑조치가 덤핑수입으로 인한 피해에 효율적이고 예측 가능한 구제를 제공하기 위해서는 반덤핑규칙을 명확화 및 개선할 필요가 있다고 주장하였다. 여기에

---

211) *supra* note 200, p.34.
212) EC, TN/RL/W/13, 2002. 7. 8, p.2.

는 덤핑마진의 계산, 피해분석, 공공이익의 고려 등이 포함된다.[213) 또한 캐나다는 반덤핑조치의 빈번한 발생은 수출국과 수입국의 정책상의 책임이 있다고 언급하였다. 이에 캐나다는 다음과 같은 두 가지를 제안하였다.[214) 우선 국제무역에 대한 과도한 방해를 제거하고 반덤핑규칙을 적용함에 있어서 예측가능성을 높이며 피해판정 등에 대한 방법론의 국제적 통일을 완성하기 위한 원칙을 강화할 목적으로 반덤핑협정의 기본규정을 검토하고 또한 덤핑을 발생시킬 수 있는 정부의 행위와 정책을 확인할 것을 주장하였다.

3) 호주의 입장

호주는 덤핑과 반덤핑행위 및 반덤핑조치의 남용 또는 오용과 회원국이 취하는 무역구제조치의 합법적 권리를 구별하여야 하지만 반덤핑조치는 무역장벽으로서 사용되지는 않아야 한다고 언급하였다. 또한 호주는 반덤핑협정은 비록 규칙을 제공하고 있지만 여전히 많은 부분을 명확화하고 개선하여 그것의 투명성, 예측가능성, 정당한 법의 절차를 강화하여야 한다고 언급하였다. 특기할 만한 사항은 호주는 여러 가지 관행이 제공할 수 있는 문제의 범위는 제한되었고 게다가 일부 관행에 대한 회원국들의 통일적인 지침을 형성하기 위해서는 총의(consensus)가 필요할 수 있기 때문에 어떤 경우에는 반덤핑협정에서 조사당국에 자유 재량권을 부여하는 것이 더욱 바람직하다고 주장하였다.[215)

---

213) 캐나다, TN/RL/W/1, 2002. 4. 15, pp.1-3.
214) 캐나다, TN/RL/W/47, 2003. 1. 28, pp.1-2.

제2절 피해판정 요소 규정에 관한 개정논의 및 개선방안

Ⅰ. 피해판정 요소 규정에 관한 개정논의

피해판정 요소에 관한 규정에 관하여 프렌즈 그룹은 2002년 6월 28일 제안서를 제출하였는데 동 제안서에서 프렌즈 그룹은 반덤핑협정 제3.4조는 피해판정 시 반드시 검토하여야 할 요소들을 열거하고 있지만 이러한 요소를 평가할 때 적당하고 충분한 지침을 제공하고 있지 않다고 분석하였다. 또한 동 규정과 반덤핑협정 제3조의 다른 규정과의 관계를 명확히 할 필요가 있다고 제안하였다.[216] 이에 2002년 10월 10일과 2002년 10월 15일 EC와 호주는 각각 프렌즈 그룹의 피해요소의 평가에 대한 제안에 대해서 프렌즈 그룹이 피해요소의 평가에 사용되는 지침의 유형은 무엇이고 그것에 대해 어떤 합의를 도출할 수 있는지, 그리고 제3.4조와 제3조의 기타 규정 간의 명확히 해야 할 관계는 무슨 뜻인지를 상세히 설명할 수 있는지와 같은 다소 부정적인 견해를 질의형태로 피력하였다. 특히 호주는 피해요소의 평가는 어느 정도 조사당국의 자유 재량권이 필요한 문제라고 주장하였다.[217]

이에 대하여 프렌즈 그룹은 두 차례를 거쳐 답변서를 제기하였는바 그들의 주요 주장은 다음과 같다. 우선 피해지침에 관하여 엄격하고 정확한 방식은 제기할 수는 없지만 회원국들이 협상을 통하여

---

215) 호주, TN/RL/W/86, 2003. 4. 30, pp.1-2.
216) *supra* note 193, p.4.
217) EC, TN/RL/W/20, 2002. 10. 10, p.3; supra note 193, pp.2-3.

다양한 피해요소에 대해 엄격하고 객관적인 분석을 위한 실질적인 방안이 마련되어야 한다는 것이다. 또한 호주의 모든 상황을 반드시 명확히 해야 하는지에 대한 질의에 대하여 프렌즈 그룹은 모든 상황을 반드시 명확히 해야 할 필요는 없지만 아직도 명확히 해야 할 부분이 존재하기 때문에 이러한 부분들은 될 수 있는 한 명확히 하여야 한다고 주장하였다. 그리고 제3.4조와 제3조의 기타 조항의 관계 문제에 관련하여 프렌즈 그룹은 WTO 반덤핑협정 제3.1조의 피해판정 요소는 동 협정 제3.2조와 제3.4조에서 진일보 충분하게 설명되어야 하고 동 협정 제3.5조에 규정하고 있는 인과관계의 판정은 덤핑 영향에 의한 피해가 아닌 기타 요소에 관하여 지침을 제공하여야 한다고 주장하였다. 또한 동 협정 제3.4조는 피해판정을 위한 핵심요소 중의 하나로서 피해판정을 함에 있어서의 통합된 한 부분이지 단독적이고 유일한 기초가 아니기 때문에 관련 국내산업에 대한 덤핑수입의 영향에 관한 검토는 반드시 제3조의 기타 요소에 비추어 고려되어야 한다고 주장하였다. 그러므로 피해판정을 위한 의미 있는 지침을 수립하기 위하여 제3.4조와 제3조의 기타 요소 간의 관계를 명확히 하는 것이 필요하다고 주장하였다.[218]

프렌즈 그룹과 거의 동일한 입장을 취하고 있는 인도는 반덤핑협정 제3.4조에 관련된 피해요소들에 대하여 면밀한 검토를 진행할 것을 주장하였다. 인도는 반덤핑협정 제3.4조는 국내산업에 대한 덤핑수입 영향의 객관적인 검토를 위하여 15개 요소의 평가를 강제적으로 요구하고 있지만 일부 피해요소는 아주 느슨하게 정의되었다고 주장하였다. 예를 들면 생산성에 관련된 정보는 상품에 관하여 개별

---

218) 프렌즈 그룹, TN/RL/W/18, 2002. 10. 04, pp.5-6.

단위 고용 또는 개별 단위 투자 또는 일부 기타 요소에 의하여 평가되어야 하는지 여부가 명확하지 않고 평가되어야 하는 '성장'이라는 요소는 무엇인지가 명확하지 않다고 주장하였다. 또한 면밀한 검토를 요하는 이익률, 판매, 자본조달과 투자능력 등 요소들에 대해서도 명확하지 않다고 언급하면서 조사당국이 국내산업에 대한 덤핑수입의 영향의 결과에 관한 평가를 진행할 때 일치성과 예측가능성을 확보하기 위하여 일부의 피해요소를 진일보 상세히 설명할 것이 요구된다고 주장하였다.[219] 중국은 피해판정에서 조사당국의 자유재량을 제한하기 위해 반드시 반덤핑협정 제3.4조를 더 명확히 해야 한다고 제안하면서 구체적인 방안은 제시하지 않고 있다.[220]

프렌즈 그룹의 노력은 계속되었는데 프렌즈 그룹은 실질적 피해의 정의를 수립하고 실질적 피해의 판정을 함에 있어서 명확히 할 부분을 제시하기 위하여 2004년 12월 2일에 제안서를 제출하였다. 프렌즈 그룹은 제안서에서 현재 서로 다른 조사당국은 실질적 피해의 판정을 할 때 서로 다른 기준(threshold)을 적용하고 있고 반덤핑협정 제3조 어디에도 실질적 피해의 정의가 없으므로 회원국들이 피해기준을 적용함에 있어서 일관성을 확보하고 반덤핑조치의 남용을 방지하기 위해서는 실질적 피해의 정의는 반드시 명확해야 한다고 주장하였다.[221] 또한 피해와 인관관계에 대한 설명이 애매모호하여 그들의 관계가 아주 혼잡하다고 분석하고 실질적 피해가 없는 인과관계는 설득력이 없기 때문에 이들 관계를 명확히 하기 위하여서는 제3

---

219) *supra* note 194, p.4.
220) 중국, TN/RL/W/66, 2003. 3. 6, p.2.
221) 프렌즈 그룹, TN/RL/GEN/28, 2004. 12. 02, p.1.

조는 반드시 명확하게 규정되어야 한다고 주장하였다.[222]

위에서 설명한 이유로 프렌즈 그룹은 제안서에서 실질적 피해의 정의와 실질적 피해의 판정에 관한 다음과 같은 제안을 제시하였다.

실질적 피해의 정의에 관련하여 프렌즈 그룹은 반덤핑협정 제3조의 어디에도 피해의 존재 여부를 측정하기 위한 기준이 상세히 설명되어 있지 않기 때문에 반드시 명확한 '실질적 피해'에 관한 정의가 규정되어야 한다고 주장하였다. 프렌즈 그룹이 제시한 실질적 피해에 대한 정의는 다음과 같다. "'실질적 피해'는 모든 국내산업의 영업실적(operating performance)에서 중요하고 측정할 수 있는 저하(deterioration)에 의하여 증명된 피해를 의미한다."[223] 실질적 피해의 정의에서 영업실적은 반덤핑협정 제3.4조에서 언급된 요소들에 의해 반영됨을 알 수 있다. 이와 같은 실질적 피해의 정의에 의하면 반덤핑협정 제3.4조는 피해판정에서 아주 중요한 역할을 할 것이다.

실질적 피해의 판정에 관련하여 프렌즈 그룹은 향후 더욱 단일한 피해판정 방법을 확보하고 분쟁의 발생을 방지하기 위하여 반덤핑협정 제3.1조를 현재 규정보다 더 명확히 규정할 것을 제안하였다. 그들의 제안은 다음과 같다.[224]

(1) 실질적 피해의 판정은 반드시 다음의 판정을 기초로 하여야 한다. 가) 수입국의 국내산업이 앞에서 제안된 실질적 피해를 입고 있는지 여부, 나) 만약 국내산업이 앞에서 제안된 실질적 피해를 입고 있다면, 피해는 조사 중의 덤핑수입에 의해 발생되었는지 여부.

---

222) *Ibid.*
223) *Ibid,* pp.3-4.
224) *Ibid,* p.4.

(2) 국내산업의 실질적 피해를 입고 있는지 여부의 판정은 반드시 명확한 증거와 제3.4조에서 열거된 국내산업의 상황에 관련되는 모든 요소들의 객관적 검토에 기초하여야 한다.

(3) 덤핑수입에 의해 발생된 국내산업의 실질적 피해 여부의 판정은 반드시 명확한 증거와 객관적 평가에 근거하여야 한다. (a) 동종 상품을 위한 국내시장에서의 덤핑수입의 물량과 가격에 대한 덤핑수입의 영향, (b) 그러한 상품의 국내생산자에 대한 덤핑수입의 영향.

프렌즈 그룹은 위의 제안서에서 제기된 제안을 더 상세히 설명하기 위하여 2005년 3월 23일에 새로운 피해판정에 관한 제안서를 제출하였다. 동 제안서에서는 우선 실질적 피해와 인과관계 두 개의 개념을 명확히 하기 위하여 덤핑수입으로 인한 실질적 피해판정의 지배적 골격(overarching framework), 즉 실질적 피해의 판정은 반드시 (1) 수입국의 국내산업이 실질적 피해를 받고 있는지 여부, (2) 만약 국내산업이 실질적 피해를 받고 있다면, 조사과정 중의 덤핑수입이 실질적 피해를 발생시켰는지 여부의 판정에 기초하여야 한다는 규정을 제3조에 추가 규정할 것을 제안하였다. 이러한 제안은 원래 GATT 제6조와 반덤핑협정 제3조에 함축되었던 것을 명확히 서술하는 것이라고 프렌즈 그룹은 분석하였다.[225]

또한 프렌즈 그룹은 피해를 판정할 경우, 조사당국의 자유 재량권이 상당히 남아 있는 현실에서 피해판정에 관한 규정을 명확히 하여 조사당국의 피해판정과 관련된 위험을 줄이는 데 도움을 주기 위하여 반덤핑협정 각주 9를 통하여 실질적 피해의 용어의 의미를 명확히 할 것을 제안하였다. 그들의 제안에 의하면 국내산업에 대한 실

---

225) 프렌즈 그룹, TN/RL/GEN/38, 2005. 03. 23, pp.2-3.

질적 피해의 용어는 제3.4조에 열거된 국내산업의 상황에 관한 모든 관련 경제적 요소와 지침의 평가에 기초한 국내산업의 영업실적(operating performance)에서 중요하고(important) 측정할 수 있는 (measurable) 저하(deterioration)에 의해 증명된 국내산업의 상황을 의미한다고 주장하였다.[226] 이에 따라 프렌즈 그룹은 동 개념에 적용된 용어, 예컨대 영업실적(operating performance), 저하 (deterioration) 등 용어를 해석하였다.[227]

그 이외에도 프렌즈 그룹은 피해가 없는 상황을 가정하고 동 가정을 반박할 만한 충분한 증거가 없으면 조사당국이 피해판정을 못하도록 하는 가정의 상황을 열거하는 예시적인 피해판정 기준(benchmark) 리스트를 규정할 것을 주장하였다.[228]

프렌즈 그룹의 위와 같은 제안에 대하여 일본은 그러한 피해판정 예시적 기준 리스트는 조사당국에 더 많은 지침과 더 명확한 지침을 제공함으로써 아주 유용할 것이라고 주장하면서 프렌즈 그룹의 주장을 지지하는 입장을 보였다. 또한 상기 예시적 기준 리스트에 포함된 가정들은 반덤핑협정 제3.4조에 열거된 경제적 요소와 지침에 대

---

226) *Ibid.*
227) 동 용어들에 대한 해석은 다음과 같음.
　　영업실적: 반덤핑협정 제3.4조에서 언급한 모든 요소가 반영하는 결과를 말한다.
　　저하: 덤핑조사 기간 내의 국내산업의 상황이 피해조사 기간 이전의 년도들의 상황과 비교할 때 반드시 악화되어야 함을 의미한다.
　　"**measurable**"라는 용어의 사용은 조사당국이 모든 관련 지침들의 객관적인 분석이 없이는 피해를 판정할 수 없다는 것을 보증하기 위함이다.
　　"**important**"라는 용어의 사용은 피해의 기준을 명확히 하고 적용에 있어 동일성을 확보하기 위함이다.
228) *supra* note 221, pp.5-6, *supra* note 225, p.6.

한 전면 평가 또는 덤핑수입이 실질적 피해를 발생시켰는지 여부를 판정하는 인과관계의 분석을 뛰어넘는 것으로 해석되지 않는다고 분석하였다.[229]

프렌즈 그룹의 제안들은 이전의 반덤핑협정 제3.4조를 명확히 해야 한다는 주장과 맥락을 같이한다. 실질적 피해의 정의 그리고 실질적 피해의 판정을 명확히 하기 위해서는 반덤핑협정 제3.4조에 열거된 경제적 요소와 지침을 분석하여야 한다. 그런데 현재의 제3.4조에 열거된 경제적 요소와 지침들로는 완벽하게 문제를 해결하기 어렵다. 왜냐하면 이러한 요소들을 분석하는 방법 또는 가이드라인이 없어 회원국들의 자유재량에 맡겨져 있고 또는 이러한 요소들 자체가 국내산업의 상황을 반영하기에 적절한 요소들인지 등 많은 문제들이 있기 때문이다.

미국은 덤핑수입의 영향과 관련하여 조사당국이 반덤핑협정 제3.4조에 명시적으로 기재된 '관련 요소 및 지표'(relevant factors and indices)들을 검토하는 것은 명확히 해야 한다고 제안한 반면, 조사당국의 조사능력을 초과하는 요소에 대해서는 조사의무를 면제하는 명시적 규정을 신설할 것을 제안하였다. 다시 말하면 동 조항에서 명백하게 열거한 요소들 이외의 관련 요소들과 지침의 검토에 대한 조사당국의 의무범위가 명백하지 않다는 것이다. 미국은 이에 대하여 조사당국과 이와 같은 사건에 관련되었던 당사국에게 확실성을 제공하기 위하여 반드시 명확하게 규정되어야 하며 이러한 명확성은 반드시

(1) 시간과 자원의 제한 때문에 회원국이 기타 관련 요소를 검토하지 않는 것을 방지하여야 하고

---

229) 일본, TN/RL/GEN/42, 2005. 05. 13, pp.1-2.

(2) 조사 기간 중 조사당국의 주의를 일으키지 않는 요소에 관련하여 조사당국의 의무에 명백한 제한을 두어야 할지에 대하여 다룰 것을 제안하였다.[230]

EC는 피해분석에 대한 좀더 정확하고 반덤핑조사 결과의 예측가능성이 제고될 수 있는 새로운 규정을 설정할 것을 제안하였다. EC는 이를 위하여 피해가 없는 경우에서부터 실질적 피해의 경우에 이르는 가정적인 상황들을 나열하여 양쪽 극단의 경우를 핵심으로 검토하는 것이 좋은 방법이라고 제시하였다. 적어도 이러한 방법으로 전형적인 극단적 사례에 대한 직접적인 규정을 찾을지 여부에 대해 검토할 수 있다고 언급하였다. 이는 반덤핑협정 제3.2조 및 제3.4조에 열거된 요소들의 적용에 대한 지침을 제공함으로로써 달성될 수 있다고 보았기 때문이다. EC는 그러한 지침이 가능한 한 좀더 수량적인 요소들을 도입함으로써 얻을 수 있다고 주장하였다.[231]

Ⅱ. 피해판정 요소 규정에 관한 개선방안

1. 피해판정 요소 규정의 명확화 및 개선의 필요성

다자간무역체제의 발전의 발자국을 돌이켜 보면 우리는 다음과 같은 규칙을 발견할 수 있다. 즉 국제무역관계에서 모순이 발생하여 모순이 일정하게 발전하게 되면 모순의 해결책을 탐색해야 하는데,

---

230) 미국, TN/RL/W/130, 2003. 6. 20, p.5.
231) EC, TN/RL/W/138, 2003. 7. 17, pp.5-6.

이는 다자간 협상을 통하여 각국의 권리와 의무를 새롭게 확립하게 한다. 만약 또 다른 새로운 모순이 발생하게 되면 또 다시 해결책을 모색하게 되고 이러한 순환이 계속되면서 다자간무역체제는 발전하게 된다. 반덤핑협정에서 피해판정 요소는 Kennedy Round에서 협상된 반덤핑규약에서 처음으로 규정되었고 반덤핑규약의 변화와 발전과 함께 보완 및 개정되어 왔다. 이러한 피해판정 요소에 관한 규정은 국제무역을 통한 회원국들 간의 경험과 WTO에서의 수십 차례의 협상을 거쳐 이루어졌고 동 규정을 더욱더 개선하고 명확화하기 위한 회원국들의 노력은 계속될 것이고 지금보다 더 완벽한 규정이 협상을 통해 제정될 것이다.

우루과이라운드에서 채택된 반덤핑협정은 이전의 반덤핑규약보다 상당한 발전을 가져왔지만 여전히 조사당국의 자의적인 판단이 개입될 소지를 가지고 있어 분쟁으로 이어지는 경우가 많다. WTO 분쟁해결기관에 제소된 사건을 분석해 보면 대부분의 반덤핑 사건은 조사당국에 의해 취해지는 반덤핑조치가 덤핑으로 인해 발생한 피해의 영향을 제거하기 위한 것보다도 자국의 국내산업을 보호하기 위한 수단으로써 발동되는 경우가 더 많아 반덤핑제도의 남용과 오용이 갈수록 더욱 심각해져 전 세계의 자유무역을 방해하는 비관세장벽으로서 부정적 역할을 하고 있다. 이러한 상황은 도하라운드 또는 향후 진행될 다자간 협상에서 반드시 해결되어야 할 문제들이다. 반덤핑조치는 국제적으로 금지된 조치는 아니다. 그러나 이러한 조치들이 자유무역을 지향하는 국제사회에서 자유무역을 방해하는 장벽으로서 역할을 해서는 아니 된다.

자유무역을 방해하는 비관세장벽을 제거하고 원활한 국제무역을 위하여 이것을 보장할 수 있는 장치나 제도를 더 명확화하고 개선할 필요가 있다. 현재 많은 회원국들에서 반덤핑협정 각주 9를 인용하여 '피해'의 정의를 내리고 있지만 모두 피해의 정의에 포함된 '실질적 피해'에 대한 정의는 못하고 있다. 다만 실질적 피해를 분석하고 판정하기 위하여 그것에 필요한 요소들을 규정하였을 뿐이다. 사실상 어느 정도의 피해가 실질적 피해인지 정의하기가 매우 어렵고 복잡한 국제무역환경이나 개별 회원국의 국내 상황도 고려해야 하기 때문에 불가능할 수도 있다. 비록 프렌즈 그룹이 실질적 피해에 대한 정의를 제안하였지만 동 정의의 적절성 여부도 회원국들의 검증을 받아야 할 것이다. 따라서 '실질적 피해'에 대해 정의를 내리기보다 실질적 피해를 반영하는 불가결의 피해판정 요소를 명확화하고 개선하는 것이 더욱 바람직하다. 또한 반덤핑조치를 부과함에 있어서 핵심 역할을 하고 있는 피해판정의 객관적인 분석을 위하여 피해판정 요소 분석에 대한 적당하고 충분한 지침이 필요할 것이고 객관적 및 공정한 피해판정을 위한 하나의 구성 부분으로서의 피해판정 요소에 관한 규정은 기타 관련 조항과의 관련성을 명확히 할 필요가 있다.

2. 피해판정 요소 규정에 관한 문제점 및 개선방안

반덤핑협정 제3.4조는 국내산업에 대한 덤핑수입의 영향에 관한 모든 요소들을 반드시 검토해야 한다고 규정하고 있다. 동 규정에 대해 WTO 분쟁해결기관의 패널과 상소기관은 제3장에서 분석했다시피 모든 요소들을 반드시 검토해야 할 뿐만 아니라 모든 요소들에 대한 의미 있고 충분한 분석이 필요하다고 판정하였다. 이러한 분석을 통해 반덤핑협정 제3.4조에 열거된 모든 요소들은 강제성을 가지고 동 조항에 열거된 요소는 4개 그룹으로 형성된 것이 아니라 15개 개별적 요소로 구성되었으며 조사당국은 이러한 요소들에 대해 Checklist가 아닌 설득력 있고 충분한 분석을 제공하여야 하며 만약 피해판정에 있어서 이러한 요소들이 피해와 관련성이 없거나 중요하지 않다고 인정될 경우 반드시 그 이유를 제공하여야 한다는 Key Point를 확립하였다.

그러나 패널과 상소기관의 해석은 엄격한 의미상의 '입법해석'이 아니다. 따라서 그들의 판정은 보편적인 구속력이 없다. 즉 당해 사건의 당사자 이외 기타 WTO회원국에는 명확한 법적 구속력이 없는 것이다.[232] 그러나 패널과 상소기관의 법적 해석은 WTO 체제 내에서 점점 중요한 지위를 차지하고 있고 WTO 분쟁해결기구의 '판례'는 WTO의 법원으로서의 지위가 갈수록 강화되고 있음을 우리는 부인할 수 없다. 때문에 이러한 패널과 상소기관의 판정을 통하여 WTO 반덤핑협정의 흠결을 찾고 협상을 통하여 명확화하고 개선함으로써 어느 정도 동 협정의 규정을 발전시킬 수 있을 것이다.

그러나 이러한 방식은 반덤핑에 관련된 분쟁을 해결함에 있어서 불충분하다. 반덤핑관세를 부과하기 위해서는 덤핑의 존재 여부를 확인해야 하지만 이러한 덤핑이 관련 국내산업에 피해를 초래하여야 한다. 반덤핑협정 제3.4조는 피해를 판정함에 있어서의 분석의 골격만을 제공하고 있다. 동 조항은 조사당국이 피해판정을 위한 요소들

---

232) 徐崇利, "從規則到判例: 世界貿易組織法律體制的定位", '厦門大學學報(哲學社會科學版)', 2002년 제2기, pp.46-52.

에 대해 어떻게 평가할지에 관해서는 적절한 방법을 제시하지 않았다. 또한 위에서 분석한 사건들에서도 패널과 상소기관 역시 피해판정의 요소에 대해 충분하고 의미 있는 분석을 할 것을 강조하였지만 구체적인 평가방법, 즉 동 요소들에 대한 분석의 지침은 제공하지 못하고 있다. 뿐만 아니라 각국의 사례 분석에서도 알 수 있듯이 피해판정의 분석방법은 모두 상이하다. 반덤핑협정 제3.4조는 국내산업의 피해 여부를 평가하기 위해 검토되어야 할 피해요소들을 열거하고 있다. 그러나 이런 요소들 중 하나 또는 몇몇 요소가 결정적인 기준이 될 수 없음을 지적하고 있다. 이는 피해가 여러 가지 형태로 나타날 수 있고 여러 상황의 특징을 분석하기 위해 어느 정도 재량권을 조사당국이 가지고 있어야 하기 때문이다. 그러나 피해가 다양한 형태로 나타날 수 있음이 분명하지만, 현재의 WTO 반덤핑협정의 표현에 의하면 조사당국에 상당한 자유 재량권의 여지를 남김으로써 피해 논쟁을 유발시키고 있다. 이로 인해 잠정적으로는 피해증명이 너무 쉽게 이루어지고 있고 불확실성으로 인해 해석이 달라지는 경우가 많이 발생된다. 이러한 문제를 해결하기 위해서는 반덤핑협정 제3.4조에 열거된 요소들의 분석방법 또는 분석지침이 필요할 것이다. 이러한 분석방법 또는 지침을 확정하기에는 상당한 어려움이 존재할 것이다. 그러나 동 조항에 열거된 많은 요소들은 제2장에서 분석한 것과 같이 체계적으로 관련이 되어 있다. 이러한 요소들의 상호 관계에 따라 WTO 분쟁해결기관에서의 분쟁해결을 통한 경험과 국내산업에 관련되는 기타 요소들 예컨대, 계절성 요소, 경쟁요소 등을 결합하여 정의할 수 있을 것이다.

또한 현행 반덤핑협정 제3.4조에 열거된 요소들이 피해판정을 함에 있어서 확실히 필요한 것들인지 국내산업의 피해를 반영할 수 있는지, 그리고 이런 요소들 이외 필요한 요소가 없는지에 대해 검토할 필요가 있다. 예를 들면 '성장'이라는 요소와 같이 많은 경우에 기타 요소들의 분석의 결과로서 나타나는 경우가 있는데 동 요소를 굳이 별도로 검토할 필요가 없게 되는 경우가 발생한다. 또한 "국내가격에 영향 주는 요소"는 국내가격에 영향을 줄 수 있는 덤핑수입보다 그 외의 기타 요소를 고려할 것을 요구한다. 여기에서 고려하는 기타 요소와 반덤핑협정 제3.5조에서 설명하는 덤핑수입 이외의 기타 요소와 비슷한 요소로서 이중으로 규정되는 경우도 발생한다. 그리고 '경쟁상 불가피성'[233]을 피해판정의 요소로 고려할지 여부가 논의되고 있다.[234] 이러한 요소는 경쟁의 결과로서 덤핑을 했는지 여부를 증명하기가 상당히 어렵고 수출국에 부당한 덤핑의 정당성의 국제법적 근거를 제공할 가능성도 있기 때문에 만약 이러한 요소를 피해판정의 요소로 고려한다면, 그러한 고려를 하거나 적용을 하는 데 있어서 각별한 주의가 필요할 것이다.

객관적이고 공정한 피해판정을 위하여 반덤핑협정 제3.4조와 제3조의 기타 조항과의 관계를 명확히 할 필요가 있다. 반덤핑협정 제3.4조와 제3조의 기타 조항과의 관계가 명확하지 않아 당사국 간의 입장 차이가 존재하고 있고 패널의 판정도 역시 일치하지 않은 경우가 있

---

233) "경쟁상 불가피성"이란 수입국 내의 다른 기존업자가 동종상품에 대해 가격인하를 하기 때문에 이와 경쟁하기 위해 수출자가 그만큼 가격인하를 하는 경우, 즉 수출자가 경쟁상 불가피하게 덤핑을 한 것을 입증한 경우에는 반덤핑관세 부과를 자제할 것인지의 여부를 결정하는 것이다. 최원목, *supra* note 198, p.21.

234) *Ibid*, pp.21-22.

다. 멕시코-HFCS 사건과 미국 침엽수 板材 사건에서 피해의 우려를 판정할 때 반덤핑협정 제3.4조를 고려하는가에 관련하여 당사국은 물론 두 사건에서 패널의 분석 역시 달랐다. 그리고 일몰재심에서 반덤핑협정 제3조 나아가서 제3.4조가 적용되는지도 문제가 되었다. 물론 개별 사건마다 상황이 다르기 때문에 case by case로 해결할 수도 있겠지만 지금까지 쌓아온 경험을 바탕으로 제3.1조 또는 기타 필요한 조항에 상호 관계를 명시함으로써 이러한 관계의 불명확성으로 발생하는 분쟁을 사전에 방지하는 것이 바람직하다고 생각한다.

위에서 설명한 문제들 이외에 반덤핑협정과 국내 반덤핑법의 일치성 문제, 예를 들면 제2장에서 설명했다시피 멕시코 대외무역법은 반덤핑협정과 일치하지 않은 부분들이 아직도 존재하고 있다. 그리고 조사 기간의 확정, 즉 어느 정도 기간의 정보를 수입하여 분석하여야 하는지 여부에 대해서 반덤핑협정에는 규정하지 않고 있다. 동 기간이 미국 열연강판 사건과 아르헨티나 닭고기 사건에서 법적쟁점이 되었는데 동 기간은 가장 적합한 기간을 정하고 그 기간을 단축하거나 늘리는 경우 그 이유를 설명하는 방식으로 반덤핑협정에 명시함으로써 해결될 수 있을 것이다. 그 이외 비덤핑수입의 영향에 관련하여 덤핑수입의 영향은 수입자별로 나누어 비덤핑수입의 영향은 제거하는 것이 공정할 것이다.

위에서 언급하였다시피 도하라운드의 목적과 취지의 제한성으로 도하라운드에서 피해판정에 관한 규정의 성과 있는 개정은 힘들겠지만 반덤핑협정의 생성과 발전과정을 종합해 보면 다자간 협상이 계속 이루어진다면 향후 반덤핑협정은 더욱 명확화, 구체화 및 개선될 것이다.

제3절 소 결

　현행의 반덤핑협정은 조사당국의 자의적인 판단이 개입될 여지가 많아 분쟁이 빈번히 발생하였다. 이에 따라 각 회원국들 사이에서 반덤핑협정을 개선할 필요가 있다는 공감대가 확산되기 시작하였고 따라서 도하라운드에서 반덤핑협정 규정의 명확화 및 개선을 위한 협상이 개시되었다.

　반덤핑협정이 도하라운드 공식 의제로 포함되면서 각 회원국들이 동 협정에 대한 자국의 공식 제안서를 제출하였다. 위에서 각 회원국의 입장을 분석한 것과 같이 각 국가의 국내 상황과 이해관계가 다르기 때문에 그 입장에서도 심각한 차이를 보이고 있다. 프렌즈 그룹 및 인도를 포함한 개도국들은 반덤핑제도의 남용과 국내산업에 대한 지나친 보호를 방지하기 위한 차원에서 반덤핑협정의 개정을 적극 추진한 반면, 미국은 처음에는 반덤핑협정의 협상을 반대해 왔지만 그 후 국내적 압력과 개도국들의 영향으로 그들의 태도를 변환하여, 실체적 조항보다 절차적 조항의 개선에 중점을 두었으며 반덤핑조치의 남용 및 오용보다도 효율적인 무역왜곡 행위를 방지하고 행정당국의 충분한 자유 재량권을 보장하는 데 협상의 중점을 두어 많은 회원국들의 우려를 자아내기도 하였다. 그 이외 EC, 캐나다, 호주 등은 협정개정에는 찬성하되, 자국의 기본법을 유지하는 선으로 제한하는 일종의 절충적인 입장을 밝히면서 기본적으로 프렌즈 그룹의 입장에 동조하지만 각론에 있어서는 오히려 동 그룹의 입지를 제한하고 있다.

　국내산업에 대한 덤핑수입의 영향의 검토에 관한 반덤핑협정 제

3.4조의 협상에서 각 회원국들의 입장이 더욱 명확하게 나타난다. 프렌즈 그룹 및 인도를 포함한 개도국들은 피해판정 시 객관적인 검토를 위하여 적당하고 충분한 지침을 두어 명확하고 예측가능성을 제고할 것이 필요하다고 주장하였으며 최근에는 실질적 피해의 정의에 대한 제안서를 제출하여 반덤핑협정 제3.4조를 기반으로 하는 실질적 피해를 정의할 것을 제안하였다. 이와 반대로 미국, EC, 호주 및 캐나다의 주장을 살펴보면 피해판정의 절차적 방면이나 좀더 수량적으로 많은 요소들을 규정하면 충분하다고 지적하고 이러한 요소들을 평가함에 있어서 어느 정도 행정당국에 자유 재량권을 부여하는 것이 더 바람직하다고 주장하고 있다. 또한 반덤핑협정 제3.4조와 동 협정 제3조의 기타 조항과의 관계를 명확히 하는 부분에서도 부정적인 입장이다.

각 회원국들의 국내 상황이 다르기 때문에 실질적 피해를 정의하기란 쉽지 않다. 프렌즈 그룹이 제안한 실질적 피해의 개념을 살펴보면 반덤핑협정 제3.4조를 기초로 하고 있다. 그러나 반덤핑협정 제3.4조 자체가 명확하지 않기 때문에 개념 자체도 명확하지 않다. 때문에 우선 반덤핑협정 제3.4조의 경제적 요소 자체를 명확히 하여야 할 것이다.

객관적이고 공정한 피해판정을 위해서는 각 회원국들의 자유 재량권을 최대한 제한하고 피해판정을 위한 경제적 요소들을 명확히 하여야 할 것이다. WTO 분쟁해결기관의 판정은 비록 입법해석이 아니지만 '판례'로서 그 지위가 강화되고 있다. 우리는 이러한 '판례'에서 확립된 Key Point를 충분한 활용하는 한편, 체계적으로 관련이 되어 있는 피해판정 요소들의 상호 관계 및 WTO 분쟁해결을 통한 경험을 바탕으로 피해판정 요소 및 동 요소들의 평가방법 또는 평가를 위한 가이드라인을 명확히 한다면 더욱 객관적이고 동일한 피해판정을 기대할 수 있을 것이다.

또한 객관적이고 공정한 피해판정을 위하여 반덤핑협정 제3.4조와 제3조의 기타 조항과의 관계를 명확히 할 필요가 있다. 뿐만 아니라 일몰재심 절차에서의 피해판정에 관한 규정의 적용도 검토해 볼 필요가 있다. 그 이외에도 많은 문제점들이 존재하고 있는데 도하라운드의 진일보의 협상을 통해 명확화, 구체화 및 개선될 것이다.

제5장
결 론

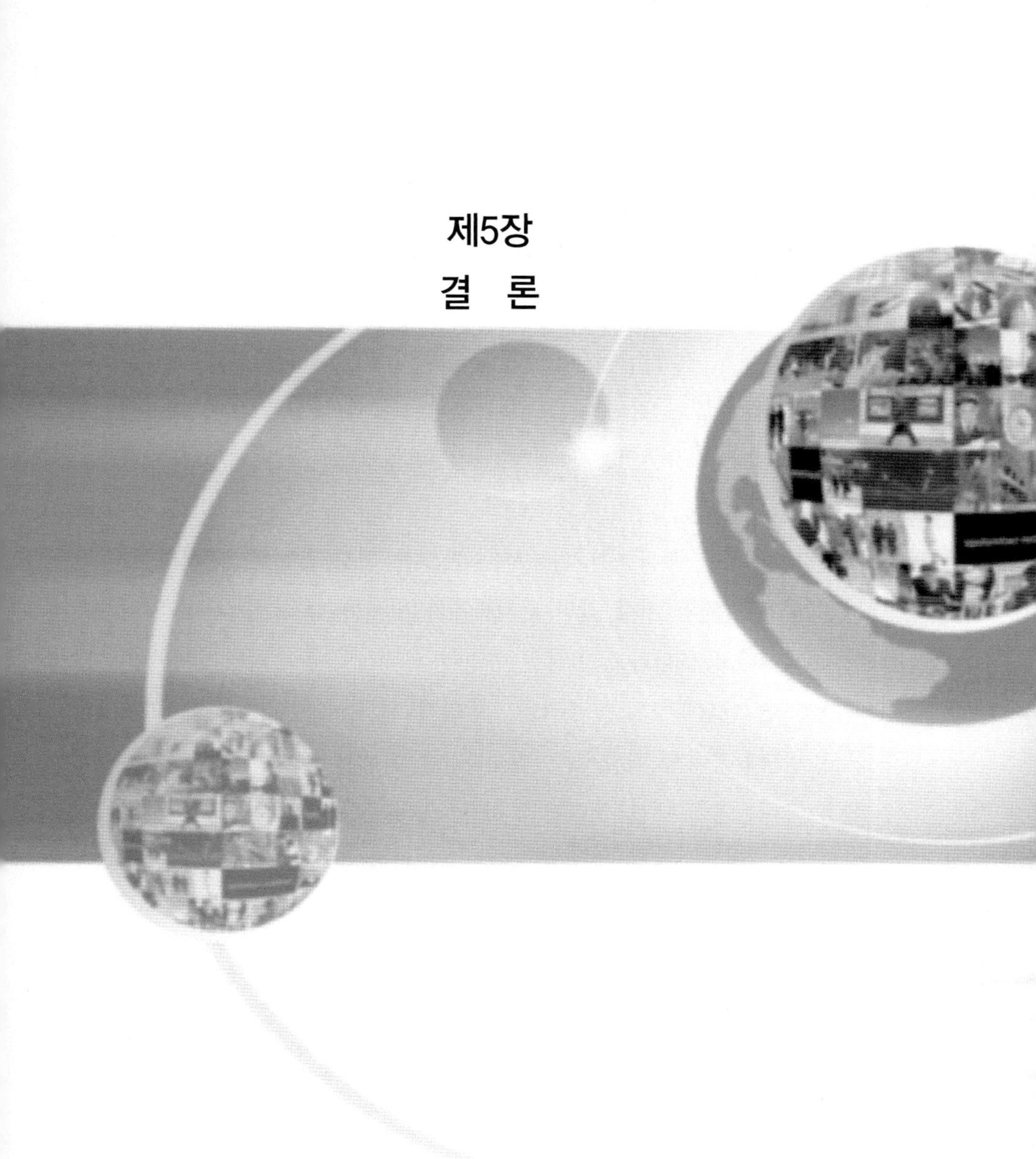

  우루과이라운드에서 채택된 반덤핑협정은 이전의 반덤핑규약보다 상당한 발전을 가져왔다. 그러나 여전히 조사당국의 자의적인 판단이 개입될 소지를 가지고 있어 1995년 WTO 출범 이래로 반덤핑 사건은 매년마다 증가하는 추세를 보이고 있다. 조사당국에 의해 취해지는 반덤핑조치는 덤핑으로 인해 발생한 피해의 영향을 제거하기 위한 것보다도 자국의 국내산업을 보호하기 위한 수단으로써 발동되는 경우가 더 많아 반덤핑제도의 남용과 오용이 갈수록 더욱 심각해져 전 세계의 자유무역을 방해하는 비관세장벽으로써 부정적 역할을 하고 있다.

  반덤핑조치를 부과하기 위해서는 반드시 덤핑의 존재, 피해의 판정 그리고 덤핑과 피해 간의 인과관계가 있어야 한다. 즉 덤핑 사실이 존재한다고 하더라도 이러한 덤핑이 국내산업에 피해를 발생시키지 않으면 반덤핑조치를 부과할 수 없게 된다. 따라서 피해의 판정은 반덤핑협정에서 핵심개념이다. 이러한 피해는 반덤핑협정 각주 9에서 국내산업에 대한 실질적인 피해, 국내산업에 대한 실질적인 피해의 우려 또는 산업의 확립에 대한 실질적인 지연을 의미하는 것으로 간주된다고 정의되었지만 '실질적 피해'가 무엇인지는 반덤핑협정 어디에서도 그 정의를 찾아볼 수 없다. 다만 이러한 실질적 피해를 판정하기 위한 요소들을 반덤핑협정 제3조에서 규정하고 있다. 특히 반덤핑협정 제3.4조에는 국내산업에 대한 덤핑수입의 영향에 관한 요소들을 열거하고 있다. 이러한 요소들은 피해판정을 함에 있어서 조사당국이 고려하여야 할 요소들이고 이러한 요소들의 검토와 평가를 통해 조사당국은 덤핑수입이 국내산업에 대한 피해 여부를 판정하게 된다.

반덤핑의 보호주의는 반덤핑관련 조항을 확대 해석하거나 덤핑마진과 덤핑의 피해판정, 그리고 국내반덤핑법의 남용에서 구체적으로 나타난다.[235] 덤핑의 피해판정에서 국내기업은 피해의 기준을 조작하는 경우가 많다. 피해를 판정함에 있어서 반덤핑협정 제3.4조에 열거된 요소들과 이러한 요소들의 국내시장에서의 변화를 포착해야 하는데 반덤핑협정에서 이러한 요소들에 대한 구체적인 평가방법이 규정되어 있지 않기 때문에 국내기업에 의해 조작될 가능성이 많고 일단 정부에 의해 피해기준을 만족할 수 있다고 인정되면 피해는 판정되는 것이다. 이러한 피해판정상의 규정의 모호성은 반덤핑협정의 흠결이기 때문에 반드시 개선하고 개정하여야 한다.

태국 H형강 사건의 패널과 상소기관은 피해판정에 관한 관련 요소의 평가에 관하여 설득력 있는 분석을 하여야 한다고 지적하였다. 또한 EC-면제침구 사건과 이집트 鐵筋 사건에서도 패널은 피해판정의 요소에 대하여 조사당국에서 충분한 평가를 할 것을 강조하였다. 그러나 이러한 사건들에서의 패널과 상소기관은 모두 조사당국이 피해판정 요소에 대해 충분한 평가 및 분석을 할 것을 요구하지만 어떤 방법으로, 어떻게 평가 및 분석을 해야 할지는 제시하지 못하고 있다. 이는 우선 반덤핑협정에서 조사당국이 피해판정을 함에 있어서 반드시 고려되어야 할 요소들만 규정하고 있고 그러한 요소에 대한

---

235) 呂炳斌, "試論反傾銷實施中的保護主義傾向及其調整", p.1.

구체적인 분석에 관한 지침이 없으며 또한 회원국들 간에 피해판정 요소의 분석에 대한 지침에 대해 협의된 것도 없기 때문이다.

반덤핑협정 제3.4조는 국내산업의 피해 여부를 평가하기 위해 검토되어야 할 피해요소들을 열거하고 있다. 그러나 이런 요소들 중 하나 또는 몇몇 요소가 결정적인 기준이 될 수 없음을 지적하고 있다. 이는 피해가 여러 가지 형태로 나타날 수 있고 여러 상황의 특징을 분석하기 위해 어느 정도 재량권을 조사당국이 가지고 있어야 하기 때문이다. 그러나 피해가 다양한 형태로 나타날 수 있음이 분명하지만, 현재의 WTO 반덤핑협정의 표현에 의하면 조사당국에 상당한 자유 재량권의 여지를 남김으로써 피해 논쟁을 유발시키고 있다. 이로 인해 잠정적으로는 피해증명이 너무 쉽게 이루어지고 있고 불확실성으로 인해 해석이 달라지는 경우가 많이 발생된다.

여기에서 우리는 피해판정을 함에 있어서 조사당국이 그들의 피해판정에 관련하여 충분하고 의미 있는 분석을 제공하는 것이 피해조사와 피해판정의 투명성을 제고하고 피해판정의 불공정성을 감소할 수 있다는 것을 알 수 있다. 또한 피해판정 요소 및 동 요소를 분석함에 있어서의 지침을 제공하여 회원국들이 국내 상황을 분석함에 있어서 일정한 지침에 따라 분석하고 반덤핑협정 제3.4조와 제3조 간의 관계를 명확히 하여 피해판정의 객관성 및 공정성을 제고하여 피해판정을 함에 있어서 실질적인 진보를 가져와야 할 것이다.

2001년부터 진행된 도하라운드에서 반덤핑협정의 개정에 대한 논의가 많이 이루어졌지만 각 회원국들 간의 입장은 상당한 큰 차이를 보이고 있다. 프렌즈 그룹과 개도국들은 반덤핑협정의 실체적 규정의 개정을 적극 요구하고 있지만 미국, EU 등 선진국들은 반덤핑협정의 개정에 다소 소극적인 태도를 보이고 있다. 이러한 입장 차이는 쉽게 좁혀지지 않을 것이다. 제4장 서두에서 언급했다시피 도하라운드의 반덤핑협정의 협상은 두 가지 중요한 제한적 조건을 포함하고 있다. 우선 협상은 협정의 기본개념, 원칙, 유효성을 유지하는 전제하에 진행되고 다음으로 우루과이라운드 협상 때의 다자협상은 반드시 기존의 반덤핑규약을 '명확화, 개선 또는 확장(stretch)'[236]을 한다는 목표와는 달리 반덤핑협정을 '명확화와 개선'하는 것을 목표로 하고 있기 때문에 동 협정에 대한 개정 또는 확장에까지 가는 데 많은 제한을 받을 것으로 예상된다.

　그럼에도 불구하고 반덤핑조치를 부과함에 있어서 핵심 역할을 하고 있는 피해판정의 객관적인 분석을 위하여 피해판정 요소 분석에 대한 적당하고 충분한 지침이 필요할 것이고 피해판정을 위한 하나의 구성 부분으로서의 피해판정 요소에 관한 규정과 기타 관련 부분 간의 관련성을 명확히 할 것이 필요하다. 따라서 반덤핑협정의 피해판정 요소에 관한 규정을 더욱 명확화, 개선 및 개정하여 각 회원국들의 자유 재량권에 의해 남용되고 있는 반덤핑조치의 사용을 최대한 방지하고 자유무역을 위한 법적 토대를 마련해야 할 것이다.

---

236) Ministerial Declaration of 20 September 1986(Punta Doc. Este Declaration), GATT Doc. No. MIN(86)/6, September 20, 1986, para. 7.

| 참고문헌 |

● 단행본

김기수, 「WTO와 반덤핑관세」, 세종연구소, 1995.

John Croome, 김의수 譯, 「세계무역의 신기원: 우루과이라운드 협상사」.

고준성, 「WTO 체제하에서의 미국 및 EU 반덤핑법제의 분석」, 1998.

강문성 외 2인, 「DDA 규범분야의 논의동향과 개정방향」, 2002. 12.

최낙균 외 10인, 「DDA협상 총점검 - 2002」, 2002. 12.

법무부, 「UR협정의 법적 고찰」, 1994.

柳莊熙, 「UR총점검: 最終協定案의 분야별 評價」, 대외경제정책연구
　　　원, 1993.

최원목, "한중일 3국의 불공정무역행위 조사 및 규제에 관한 법제도
　　　연구", 2004. 11.

Terence P. Stewart, The GATT Uruguay Round, 1993.

Judith Czako, Johann Human and Jorge Miranda, A Handbook on
　　　Anti-Dumping Investigations, 2003.

James P. Druling, Matthew R. Nicely, Understanding the WTO
　　　Anti-Dumping Agreement: Negotiating History and
　　　Subsequent Interpretation, 2002. 5.

Keith Steele, Anti-Dumping under the WTO: A Comparative
　　　Review, 1996.

Clive Stanbrook, Philip Bentley, "DUMPING AND SUBSIDIES:
　　　The Law and Procedures Governing the Imposition of

Anti-Dumping and Countervailing Duties in the European Community", 1996.

朱欖葉,「Analysis of WTO Dispute Settlement Cases」, 2003.

小室程夫,「ゼミナール國際經濟法入門」, 日本經濟新聞社.

● 논 문

이건호,「반덤핑협정 제3.4조 관련 각국의 산업피해 영향분석지표 적
　　　　용 사례분석 및 활용방안」, 2001. 12.

박노형,「중남미 반덤핑법제도에 관한 연구」, 2002. 07.

최원목,「반덤핑협정의 문제점 및 개정방안」, 무역구제 2002 봄호.

金・張法律事務所,「UR덤핑방지협정의 逐條해석, 그 영향 및 대응방
　　　　안에 대한 연구」, 1994. 09.

朴亨來,「미국의 산업피해구제제도와 미국무역위원회의 피해판정 요
　　　　소분석에 관한 연구」, 무역구제 봄호, 2004.

이춘삼,「반덤핑관세분야에 대한 UR협상결과의 분석」, 1994, 무역학
　　　　회지 제20권 제1호.

Susanta Sekhar Das, ITS, Anti-Dumping as a Trade Remedy
　　　　Measure: Evidence from Three Countries, 2003.

Jacob Viner, Dumping: A Problem in International Trade, 1923.

劉 勇,「多哈回合談判中的反傾銷議題」, 國際經濟法學刊 제10호, 2004. 10.

宋和平,「産業損害調查中若干問題的理論思考」.

呂炳斌,「試論反傾銷實施中的保護主義傾向及其調整」.

徐崇利,「從規則到判例: 世界貿易組織法律體制的定位」, ‘厦門大學學
　　　　報(哲學社會科學版)’, 2002년 제2기.

● 연구보고서

무역위원회, 「반덤핑협정 실무운영상 문제점 및 해결방안」.

무역위원회, 「주요국의 반덤핑 제도, 법령 및 반덤핑조치 비교연구」,
2002. 11.

무역위원회, 「DDA 반덤핑협정 개정협상에서 미국, EU 및 중국의
입장 분석연구」, 2003. 12. 15.

무역위원회, 「덤핑수입으로 인한 국내산업피해조사 실무지침」, 2001. 07.

● WTO문서

Thailand-Anti-Dumping duties on Angles, Shapes and sections of
Iron or non-alloy steel and H-beams from Poland, Panel
Report, WT/DS122/R, (2000. 09. 28).

Thailand-Anti-Dumping Duties on Angles, Shapes and Sections of
Iron or Non-Alloy Steel and H-Beams From Poland,
Appellate Body Report, WT/DS122/AB/R, (2001. 03. 12).

Mexico-Anti-Dumping Investigation of High-Fructose Corn Syrup
(HFCS) from the United States, Panel Report, WT/
DS132/R, (2000. 01. 28).

Mexico-Anti-Dumping Investigation of High Fructose Corn Syrup
(HFCS) from the United States-Recourse to Article 21.5 of
the DSU by the United States, Panel Report, WT/
DS132/RW, (2001. 06. 22).

Mexico-Anti-Dumping Investigation of High Fructose Corn Syrup
(HFCS) from the United States-Recourse to Article 21.5 of

the DSU by the United States, Appellate Body Report,
WT/DS132/AB/RW, (2001. 10. 22).

European Communities-Anti-Dumping Duties on Imports of
Cotton-Type Bed Linen from India, Panel Report,
WT/DS141/R, (2000. 10. 30).

European Communities-Anti-Dumping Duties on Imports of
Cotton-Type Bed Linen from India, Appellate Body Report,
WT/DS141/AB/R, (2001. 03. 01).

European Communities-Anti-Dumping Duties on Imports of
Cotton-Type Bed Linen from India-Recourse to Article 21.5
of the DSU by India, Panel Report, WT/DS141/RW, (2002.
11. 29).

European Communities-Anti-Dumping Duties on Imports of
Cotton-Type Bed Linen from India-Recourse to Article 21.5
of the DSU by India, Appellate Body Report, WT/DS141/
AB/RW, (2003. 04. 08).

Guatemala-Definitive Anti-Dumping Measures on Grey Portland
Cement from Mexico, Panel Report, WT/DS156/R,
(2000. 10. 24).

United States-Anti-Dumping Measures on Certain Hot-Rolled Steel
Products from Japan, Panel Report, WT/DS184/R, (2001.
02. 28).

United States-Anti-Dumping Measures on Certain Hot-Rolled Steel
Products from Japan, Appellate Body Report, WT/DS184/R,
(2001. 07. 24).

Egypt-Definitive Anti-Dumping Measures on Steel Rebar from
Turkey, Panel Report, WT/DS211/R, (2002. 08. 08).

European Communities-Anti-Dumping Duties on Malleable Cast Iron Tube or Pipe Fittings from Brazil, Panel Report, WT/DS219/R, (2003. 03. 07).

European Communities-Anti-Dumping Duties on Malleable Cast Iron Tube or Pipe Fittings from Brazil, Appellate Body Report, WT/DS219/AB/R, (2003. 07. 22).

Argentina-Definitive Anti-Dumping Duties on Poultry from Brazil, Panel Report, WT/DS241/R, (2003. 04. 22).

United States-Sunset Reviews Of Anti-Dumping Measures On Oil Country Tubular Goods From Argentina, Panel Report, WT/DS268/R, (2004. 07. 16).

United States-Sunset Reviews Of Anti-Dumping Measures On Oil Country Tubular Goods From Argentina, Appellate Body Report, WT/DS268/AB/R, (2004. 11. 29).

United States-Investigation of the International Trade Commission in Softwood Lumber from Canada, Panel Report, WT/DS277/R, (2004. 03. 22).

Improved Disciplines under the Agreement on Subsidies and Countervailing Measures and the Anti-Dumping Agreement, TN/RL/W/1, (2002. 04. 15).

Proposals on Implementation Related Issues and Concerns, TN/RL/W/4, (2002. 04. 25).

Anti-Dumping: Illustrative Major Issues, TN/RL/W/6, (2002. 04. 26).

Second Contribution to Discussion of the Negotiating Group on Rules on Anti-Dumping Measures, TN/RL/W/10, (2002. 06. 28).

172

Submission from the European Communities Concerning the Agreement on Implementation of Article Ⅵ of GATT 1994, TN/RL/W/13, (2002. 07. 08).

Replies to the Questions/Comments From Australia on TN/RL/W/10, TN/RL/W/18, (2002. 10. 04).

Questions from the European Communities on Documents TN/RL/W/6 and TN/RL/W/10, TN/RL/W/20, (2002. 10. 10).

Comments on Document TN/RL/W/10 on Anti-Dumping Measures, TN/RL/W/23, (2002. 10. 15).

Second Submission of India, TN/RL/W/26, (2002. 10. 17).

Communication from the United States-Basic Concepts and Principles of the Trade Remedy Rules, TN/RL/W/27, (2002. 10. 22).

General Contribution to the Discussion of the Negotiating Group on Rules on Anti-Dumping Measures, TN/RL/W/28, (2002. 11. 22).

Replies to Additional Questions to Our Second Contribution (TN/RL/W/10), TN/RL/W/31, (2002. 11. 25).

Second Set of Questions From the United States on Papers Submitted to the Rules Negotiating Group. TN/RL/W/34, (2002. 12. 02).

Treatment of Confidential and Non-confidential Information Under Article 6.5 of the WTO Anti-Dumping Agreement, TN/RL/W/44, (2003. 01. 24).

Replies to Questions to Our First Contribution TN/RL/W/6, TN/RL/W/45, (2003. 01. 27).

Submission From Canada Respecting the Agreement on

Implementation of Article VI of the GATT 1994, TN/RL/W/47, (2003. 01. 28).

Senior Officials' Statement on Anti-Dumping Negotiations, TN/RL/W/63, (2003. 02. 12).

Proposal of the People's Republic of CHINA on the Negotiation on Anti-Dumping, TN/RL/W/66, (2003. 03. 06).

Reflection Paper of The European Communities on a Swift Control Mechanism For Initiations, TN/RL/W/67, (2003. 03. 07).

Identification of Certain Major Issues Under the Anti-Dumping and Subsidies Agreements, TN/RL/W/72, (2003. 03. 19).

General Contribution to the Discussion of the Negotiating Group on Rules on the Anti-Dumping Agreement, TN/RL/W/86, (2003. 04. 30).

Identification of Additional Issues Under the Anti-Dumping and Subsidies Agreements, TN/RL/W/98, (2003. 05. 06).

Tourth Set of Questions From the United States on Papers Submitted to the Rules Negotiating Group, TN/RL/W/103, (2003. 05. 06).

Comments by Australia on the Proposal by Various Members on Reviews(Document TN/RL/W/83), TN/RL/W/122, (2003. 06. 16).

Comments by Australia on the Proposal by Various Members on Sunset Reviews(Document TN/RL/W/76), TN/RL/W/123, (2003. 06. 16).

Further Issues Identified Under the Anti-Dumping and Subsidies Agreements for Discussion by the Negotiating Group on Rules, TN/RL/W/130, (2003. 06. 20).

174

Proposals on Cost Saving in Anti-Dumping Proceedings, TN/RL/W/138, (2003. 07. 17).

Rellies by the European Communities to Questions on TN/RL/W/67- "Reflection Paper of the European Communities on a Swift Control Mechanism for Initiations", TN/RL/W/142, (2003. 07. 28).

Communication from Friend Group-Senior Officials' Statement, TN/RL/W/171, (2005. 02. 15).

Report by the Chairman to the Trade Negotiations Committee, TN/RL/12, (2005. 04. 21).

Proposal on Issues Relating to the Determination of Injury under Article 3 of the ADA. TN/RL/GEN/28, (2004. 12. 02).

Second Submission of Proposals on the Determination of Injury, TN/RL/GEN/38, (2005. 03. 23).

Illustrative List of Benchmarks for Determination of Material Injury and Causation, TN/RL/GEN/42, (2005. 05. 13).

● 협정 및 법령

The General Agreement on Tariffs and Trade (1947).

Agreement on Implementation of Article VI of The General Agreement on Tariffs and Trade 1994.

Agreement on Implementation of Article VI of The General Agreement on Tariffs and Trade 1967.

Agreement on Implementation of Article VI of The General Agreement on Tariffs and Trade 1979.

Tariff Act of 1930.

Council Regulation (EC) 384/96.

關稅定率法(明治四十三年四月十五日法律第五十四號).

不当廉売関税に関する政令(平成六年十二月二十八日政令第四百十六號).

멕시코 Foreign Trade Act.

브라질, Legislative Decree No. 1602.

인도, Customs Tariff Act, 1975.

한국, 관세법 및 관세법시행령.

중국, 中華人民共和國對外貿易法.

중국, 中華人民共和國反傾銷條例.

중국, 中華人民共和國反傾銷産業損害調査規定.

● 주요국의 반덤핑관세부과 판정문

USITC Publication No. 3685, April 2004, Investigation Nos. 731-TA-1071-1072 (Preliminary).

USITC Publication No. 3734, November 2004, Investigation No. 731-TA-1056 (Final).

무역위원회 "중국산 페로실리코망간 덤핑방지관세부과 및 가격약속 재심사 조사결과 보고서", 조사번호: 구제 23-2002-9, 2003년 10월 11일.

무역위원회 "중국산 아나타제형 이산화티타늄의 덤핑수입사실 및 국내산업피해유무 조사개시 여부 검토보고서", 조사번호: 구제 23-2004-1, 2004년 4월 21일.

MOFCOM, "EU, 한국, 미국, 인도산 클로로포름에 대한 반덤핑 예비판정", 상무부 제9호 공고, 2004년 4월 8일.

MOFCOM, "러시아, 한국, 우크라이나, 카자흐스탄 등 4개국과 대만 지역의 냉연강판에 대한 반덤핑관세 최종판정", 상무부 제50호 공고, 2003년 9월 23일.

DGAD "Anti-dumping investigation concerning import into India of certain seamless grade alloy and non alloy steel billets, bar and round from Russia, China and Ukraina", 2000년 12월 1일 예비판정문 및 2001년 6월 1일 최종판정문.

DGAD "Anti-dumping investigation concerning import imports of Ethylene Propylene Rubber (EPM) and Ethylene Propylene Diene Rubber(EPDM) from Korea RP", 2000년 3월 23일 예비판정문 및 2000년 8월 21일 최종판정문.

● 주요 참고 사이트

http://www.wto.org
http://jiel.oupjournals.org
http://www.worldtradelaw.net
http://www.wtodda.net
http://www.ktc.go.kr
http://www.kiet.re.kr
http://www.mocie.go.kr
http://www.commerce.gov
http://www.usitc.gov
http://europa.eu.int
http://www.ustr.gov
http://www.mofcom.gov.cn

http://www.cacs.gov.cn
http://www.yukafukunaga.com
http://www.meti.go.jp
http://www.sice.oas.org
http://commerce.nic.in

● 기 타

Report of the Acting Chairman of the Informal Group on Anti-Dumping, GATT Doc. No. MTN. GNG/NG/W/83/Add.5 (1990. 07. 23).

Ministerial Declaration of 20 September 1986(Punta Doc. Este Declaration), GATT Doc. No. MIN(86)/6, (1986. 09. 20).

"Communication from Japan Concerning the Anti-Dumping Code", GATT Doc. No. MTN.GNG/NG8/W/81, (1989. 07. 09).

"Proposal for Improvements to the Anti-Dumping Code", Submission by US, GATT Doc. No. MTN. GNG/NG8/W/59, (1989. 12. 20).

• 저자 •

김창화
(金昌華)

• 약 력 •

중국 복단대학 법학원 법학과 졸업
한국 고려대학교 법과대학 대학원 법학 석사
한국 고려대학교 법과대학 대학원 법학 박사 과정

중국 변호사
일본어능력시험(JLPT) 국제2급 자격증 취득
제6회 무역구제제도대학(원)생 논문세미나대회 최우수상인 산업자원부 장관상 수상
한국 법제처 동북아법령 모니터링요원
상하이 YISHI Law Firm에서 근무

WTO 반덤핑협정의 피해판정연구

• 초판 인쇄 2007년 5월 10일
• 초판 발행 2007년 5월 10일

• 지 은 이 김창화
• 펴 낸 이 채종준
• 펴 낸 곳 한국학술정보㈜
경기도 파주시 교하읍 문발리 526-2
파주출판문화정보산업단지
전화 031) 908-3181(대표) · 팩스 031) 908-3189
홈페이지 http://www.kstudy.com
e-mail(출판사업부) publish@kstudy.com
• 등 록 제일산-115호(2000. 6. 19)
• 가 격 21,000원

ISBN 978-[illegible] (Paper Book)
978-89-534-6718-7 98360 (e-Book)